全国小学生校园美文精品集萃

七色阳光小少年

葡萄，酸酸甜甜

《语文报》编写组 编

时代文艺出版社

图书在版编目（CIP）数据

葡萄，酸酸甜甜 /《语文报》编写组编 . —长春：时代文艺出版社，2018.8（2023.6重印）
（"七色阳光小少年"全国小学生校园美文精品集萃丛书）

ISBN 978-7-5387-5565-7

Ⅰ . ①葡… Ⅱ . ①语… Ⅲ . ①作文－小学－选集 Ⅳ . ①H194.4

中国版本图书馆CIP数据核字（2018）第114669号

出 品 人　陈　琛
产品总监　郭力家
责任编辑　李荣釜
装帧设计　孙　利
排版制作　隋淑凤

葡萄，酸酸甜甜

《语文报》编写组　编

出版发行 / 时代文艺出版社
地址 / 长春市福祉大路5788号　龙腾国际大厦A座15层　邮编 / 130118
总编办 / 0431-81629751　发行部 / 0431-81629758
官方微博 / weibo.com / tlapress
印刷 / 北京一鑫印务有限责任公司
开本 / 700mm×980mm　1 / 16　字数 / 153千字　印张 / 11
版次 / 2018年8月第1版　印次 / 2023年6月第5次印刷　定价 / 34.80元

编　委　会

目 录

001

轻飘飘的诺言

酸酸甜甜就是它

听那雨声

猴子的尾巴

美丽的错误

那一刻，我陶醉

005

轻飘飘的诺言

　　晚饭很丰盛，满满的一桌美味佳肴，可我只扒了几口饭，就回房间了。

　　"佳妮，怎么啦？不舒服？"一个温柔的声音响起来。是爸爸。

　　我含着泪，把事情说了一遍。

小手·大手

童 忆

"你蠢啊？"

"你才蠢呢！"

不知从何时起，家里会时常响起这样针锋相对的诋毁，间或夹杂些粗言糙语，不堪入耳。因为我总不屑于爸爸妈妈平和的交流，以至于这种口角频频上演！而事情的开端无怪乎一些鸡毛蒜皮的事。

这不，在回家的路上又上演了这样一幕——

"不，才不要呢！"我满脸通红，冲爸爸大喊，恶狠狠地瞪着他。仿佛不这样，无法充分表达我有多么恼恨他的冥顽不化。当我喊出这句话时，我能感觉到爸爸高大的身形一僵，那只准备拉住我的手尴尬地停在半空，眼底还带着一抹不敢置信的神色。是啊！在爸爸眼里，我依旧还是那个需要被牵着手过马路的小女孩儿，而我自以为悄然长大！

看着他那吃惊的神情，我心底不住地涌上一股更大的怨气，干脆把久藏在心底的想法倒了出来："我已经长大了！不用你牵着手过马路了！那样很丢脸哎！"我感觉自己像一座蓄积已久的火山，一触即发。但当我看到爸爸扭过了头，迈着大步自顾自地离开时，不知怎的，心里又无端地难受了起来。

记起小时候，爸爸是我最好的玩伴。每次过马路时，他总会向我伸出手来。可那时我的手还太小，握不住他粗壮健硕的大手。于是他就小心翼翼伸出一根小手指，塞进我的手心里，两人就欢天喜地地过马路了。

等我再次回过神来，爸爸的身影已经变得模糊了。我像木头人一样望着他的身影消失在我面前，那时特别想追上去对他说声"对不起"！可话在喉咙口滚来滚去，却怎么也理不成一句通顺的话。我立在喧闹的街头，心里翻江倒海，不停问着自己：我是怎么了？我是怎么了？

我心如乱麻，惶恐而紧张，小跑着向爸爸的方向追去。

公交车上的尴尬

朱伟豪

英语培训班下课铃一响，我就背起背包冲出大门，直奔车站。

车站的人很多，11路公交车开来，人们都没有动静。不好，难道都和我是同一路车的？那……还不把车门给挤爆了……

12路公交车一到，车门还没有打开，人们就拼命地往车门方向挤。我脚不点地地被人群推着挤着往移动。

"等等，等等——先让车门打开！"售票员大声喊，往前推挤的人流稍微停滞了一下。车门开了，人群又哄地一下往前推。

我的前面是一位五十岁左右的老人，我不忍心去推他，只好在后面干等着。等他上了车，我做出冲刺状要投入公交车的怀抱。我一只脚刚踏上车门，背后突然伸出一只手，拉了我一下，我整个身子顿时浮了起来，被拉下来了。

"谁？谁拉我。"我扭过头，只看到一张张挤得发红的脸庞，并没有人理会我。没办法，谁叫我个子小呢？我只好低着头，又拼命地往车门的方向挤。

费了九牛二虎之力，我终于又踏上了车门，这次没人再拉我了，我松了口气，想：小孩子出门就是难，连挤车都有人"暗算"。

嘿，车里竟然还有空位置。我用手指顶了顶眼镜，一个箭步就跨过去。

耶，抢到了，我迫不及待地一屁股就坐下来，长吁一口气。突然觉得屁股一凉，啊！我条件反射地站起身一看。呜呜呜……哪个没良心的在座位上吐了一大堆。

售票员阿姨也看到了我的尴尬，拿了一块抹布让我擦。看着脏糊糊的裤子，我也没有别的办法了，只能将就着把座位擦干净了先坐着。

这呕吐物的酸味直呛鼻子，我好不容易挨到目的地，逃命似的往车门跑去。突然，背后有人推了我一把，我一脚悬空，差点儿就摔下去了。售票员阿姨赶紧拉了我一把，说："小心点儿。"

终于有了脚踏实地的感觉，我呼吸了一口新鲜的空气，尴尬的感觉才慢慢散去……

特别的"紫皮球"

陈　好

　　跟妈妈去买菜，看到大大圆圆的紫甘蓝，我不禁又想起了这件有趣的事情。

　　那时我才上幼儿园，妈妈带我去大姨家玩，大人们有事出去了，只留我在家里看电视。好动的我总是坐不住，看完了动画片，就在家里跑过来跑过去，寻找好玩的事儿。

　　就在这样的情况下，我发现桌子上的塑料袋里放着一个紫色的"皮球"。这个皮球制作得多么富有创意啊！皮球里面不用充气，只是用许多紫色的外衣一层一层地包裹起来，边角还翘起来，形成美丽的花纹。这紫色的外衣很嫩，用手使劲一掐，还能掐出水来。嗯，这肯定是最新款的玩具皮球啦。

　　我把"紫皮球"放在地板上，轻轻一踢，它轻轻地滚动了一下。这"紫皮球"有点儿懒惰，它似乎并不喜欢在地板上欢快地滚动。它不动，我动。我找来一块长长的塑料板，一端放在椅子上，另一端放在地上，把"紫皮球"放上去，它就轱辘轱辘地滚下来了。"紫皮球"圆得很不规则，滚动的时候，一扭一扭的，好几次都从塑料板上摔下来。不过我很有耐心，它的身子滚歪了，我就会用手帮忙扶正。这么滚动几次，"紫皮球"的外皮就开始烂了，塑料板上都沾满了水渍。

　　我又换了个新的玩法，把"紫皮球"放在地上，对着墙壁用脚踢。"紫皮球"看起来可爱，可质量着实很差，踢几次就烂在地上不动了。

　　就在这时候，大姨推开门进来，看到我脚边的"紫皮球"，就大声嚷起来："好好，你怎么把紫甘蓝都踢烂了。"

　　啊？紫甘蓝？我吓得一哆嗦，捂着耳朵跑到房间里去了。

　　"陈好，走了。"妈妈的声音把我从回忆中拉回来。我看一眼那可爱的"紫皮球"，心中荡起了愉快的情绪。

煎 鸡 蛋

余　炜

　　唉，爸妈都出门了，家里静悄悄的，就我一个人。临近中午，肚子饿得慌，看着电视，眼睛总是不由自主地往厨房方向瞟，因为在平时，厨房里早该飘出香喷喷的饭菜香味了。

　　正想着，窗外飘了一股香味，我使劲儿地嗅了嗅，是煎鸡蛋的香味，我仿佛听到邻居家滋滋的煎蛋声。我努力咽了一下口水，心想：煎蛋吗？容易，我也来几个吧。

　　打开冰箱，取出几个鸡蛋，在盘子里放着。拿起一个鸡蛋，学着妈妈平时的样子，在碗沿上一磕。噗的一声，蛋壳裂了，我按住裂痕，用力一掰。鸡蛋并没有像我想象中的样子，裂成两半，而是啪的一下，整个都碎了，我两只手都湿漉漉的。唉，真是出师不利啊！

我叹了口气，只好把手擦干净，找了一双筷子小心翼翼地把碗里的碎蛋壳挑出来。碎蛋壳在鸡蛋清里很滑，像调皮的小泥鳅，我费了好大的功夫，才终于把碎蛋壳都挑干净了。

　　好像完成了一件大事，我把鸡蛋往锅里一倒，点火。

　　"啊，完了，完了。"我突然发现，锅里还没有放油呢。赶紧拿起油壶往锅里倒。滋的一声，锅里的油跳了起来，鸡蛋开始冒起一个个白色的小泡泡，同时一股香味飘散在空气里。

　　我拿起铲子在锅里铲了几下，心血来潮，突然想起功夫电影里的情节，也学着把锅端起来一掀，鸡蛋在空中来了一个一百八十度的旋转，啪的一声，落在锅里。动作倒是有模有样，只是油溅了我一身，鸡蛋也裂成了好几块。

　　"干脆做个炒蛋吧。"我不禁有些丧气，拿起锅铲随便地又捣鼓了几下，鸡蛋碎得更厉害了。这时，我才想起煎蛋还要加调料的。我往锅里洒了些调料，再翻炒一番，鸡蛋都糊成一团。

　　我把鸡蛋倒在碗里，看着这一团黄白混淆的食物，我彻底地倒了胃口，肚子好像已经吃饱了。

007

　　我回到房间，继续看电视。

今天我当家

陆雅楠

　　游戏名称：今天我当家。

游戏目标：一个人长大以后，必须学会自立自强，学会担起当家的重担。

游戏设定：将时间推移到十年后，爸爸妈妈老了，我长大了，从今往后，这个家的一切都由我来做主。

游戏时间：一天。

游戏经费：一百元。

参与人员：爸爸、妈妈、我。

游戏过程：

OK，游戏从今天开始了。早上，我六点半便醒来了。首先我察看冰箱，冰箱里没有早点。于是，我便到超市挑选了一些面条、牛奶，还有中午所要做的菜。回到家，我先把牛奶和菜放入冰箱冷藏，然后便是准备早点了。

我买的面条是排骨面，这种面条的调料排骨是已经做好了的，只用将它放入水中加热即可。我先往锅里放入水，再拧开煤气灶，等水开了以后，再放入面条和排骨包。等到排骨化开，面条也已经煮好，就可以倒入碗中了。之后，我又做了两碗。接下来便是等待爸爸妈妈品尝了。

吃完早饭，中饭还要等待我来做。我试着做我平时点的外卖：蛋炒饭和紫菜汤。要做好吃的蛋炒饭首先就要放多一些配菜。我先将萝卜、虾仁切成丁。再将蛋打好，要打得均匀一些。之后，先将油倒入锅里，等油开了以后再将鸡蛋倒入锅中，来回翻炒，等鸡蛋熟了以后，倒入萝卜丁和虾仁再次翻炒，紧接着倒入白米饭，等熟了后，撒入盐、味精以及少许糖调味，这样便大功告成了。接下来要准备汤。先将紫菜放入碗中，再用开水一泡就OK了。

做好后，我将蛋炒饭和紫菜汤分别盛给爸爸和妈妈。爸爸说："这色泽还不错，配菜搭配也可以。"妈妈说："味道肯定更棒了"。说罢，妈妈便吃了一口蛋炒饭，我想：一定很不错。谁知她一下子便吐了出来，接着问道："你放了多少盐和味精？"我一本正经地回答："一勺半盐，两勺味精。""天哪，这还不咸死！"爸爸说道。妈妈说："以后做菜也好做饭也好，盐一定要少放，这样做出来的菜才好吃。"

至于晚饭，我决定把失败的蛋炒饭重做一遍。这一次，我吸取了教训，只放了半勺盐，一勺味精。并且，做菜的每一个步骤我都很讲究，一点儿也不敢马虎。终于，我的晚餐得到了爸爸妈妈的夸奖。

游戏结果：初步学会了一日三餐的烹调方法。

游戏评价：

爸爸：有进步，我家的雅楠学任何东西都是最棒的！

妈妈：态度比较认真，进步效果明显，当家内容可不仅仅是烧菜哦，还要继续努力！

自我感觉：呀！单单做饭炒菜就这么累了，如果要"修炼"到像妈妈一样，包揽所有的家务活，我还得下苦功夫啊！

我"怀孕"了

王　颖

看到这个题目，你一定很奇怪吧？小小年纪的我怎么会怀孕呢？其实这只不过是老师让我们经历的一次体验罢了，主要是要让我们仔细感受妈妈十月怀胎的艰辛。

当老师说出这个体验项目时，我心里非常激动。当天晚上，我就翻箱倒柜地把妈妈的长筒丝袜找出来，又从冰箱里拿出一个鸡蛋。按照老师说的办法，我用长筒丝袜小心翼翼地把鸡蛋装好，绑在腰间，外面再套上一件外套。看着自己的"大肚子"，我试着走两步，没事，原地蹦两下，仍旧没事。我内心暗暗欣喜，想着明天见到同学们都挺着"大肚子"的滑稽样子，忍不住偷笑了。

第二天，我老早就醒了，利索地穿好衣服，把事先准备好的"胎儿"放在肚脐眼旁边。一路上我走得慢吞吞的，背上的书包有点儿重，可是我不敢弓着身子，生怕把"胎儿"挤坏了。

到了班级里，发现今天特别的安静，没有往日里嬉闹追打的身影，大家都一本正经地端坐着。几个男同学绷着脸，屁股不安分地扭过来扭过去，显得很不自在。

由于肚子里多了个"胎儿"，我的行动就不那么方便了。处处都小心翼翼的，走几步还得东张西望，不是怕碰着桌子，就是怕被哪个马虎鬼给撞到。

早晨的广播操，同学们都是半死不活的样子，特别是"跳跃运动"的时候，大家都是踮踮脚尖做个样子。我没敢做出大幅度的动作，就怕肚子里的"胎儿"要反抗。

临近中午，撑着个大肚子的我感到饥肠辘辘了，一听到下课铃声，就奋不顾身地冲向食堂。我看到冲得最快的几个男同学，身子撞在一起，于是他们肚子里的"胎儿"就遭殃了。看到这一幕，我赶紧慢下脚步，摸一摸肚子。还好，我的"宝贝"还在安安稳稳地睡觉呢，并没有因为我的行动而"流产"。

下午的语文课，老师宣布"怀孕"体验结束，我解开丝袜，把我怀了半天的"胎儿"取下来。当了半天的"孕妇"，我就提心吊胆了半天，可把我折磨得死去活来的。想着妈妈怀我十个月，那就要提心吊胆十个月，她为了我，付出了多少代价，该多么艰辛啊！

当一天爸爸

诸葛靖雄

我感觉当爸爸一定很好玩，因为爸爸每天都可以看电视，不用写作业。所以我一时心血来潮，对爸爸说："爸爸，明天星期天，我来当一天爸爸，跟你换一下角色可不可以呀？"爸爸一听，爽快地答应了。我高兴得手舞足蹈，心想当爸爸一定很过瘾。

星期天一大早，想着我今天要当爸爸，于是我早早地就起来了，没有像往常一样赖床不起。洗刷完毕，就去叫爸爸妈妈起床，可我刚推开爸爸妈妈的房门，就看见爸爸妈妈已经起床在穿衣服了，我为少了一件事感到高兴。刚想推门出来，爸爸就叫了起来："我肚子饿了，早饭好了没有呀？"妈妈也跟着说："我也饿了，早餐要吃鸡蛋，快点儿做给我们吃。"

听爸爸妈妈一说，我只好快速地去厨房给爸爸妈妈准备早餐了，谁让我今天是"爸爸"呢！在厨房里，我先拿出几个鸡蛋，然后学着妈妈的样子，把它们放到锅里煮。我看着锅里冒气了，马上就把电源关了。把鸡蛋拿了出来，放在盘子里端去给爸爸妈妈吃。爸爸妈妈看鸡蛋煮好了，都很高兴，拿起鸡蛋就开始吃，可爸爸刚打开一个，蛋黄就流出来了，"鸡蛋都没熟呀，怎么吃呢？快去重新煮一下，配料也没放。"啊，我一看鸡蛋还真没熟，只好拿去重新煮了。

在厨房里，我重新打开煤气，把锅洗干净，把整个的鸡蛋又倒进了重新放了水的锅里，这回我还没有忘记加盐和酱油，加好料，我把锅盖盖上，这回煮了很久才出锅。然后端到爸爸妈妈面前，让他们吃早餐。并且泡好牛奶端给他们，等吃过早餐，我感觉好累呀！

这一天我做了很多爸爸要做的事，累得快不行了，洗衣服、做饭、接电话……事情还真多呀！到了晚上，终于忙完了。可以坐下来看电视了，我正看得津津有味，爸爸突然把电视频道换了，换成了他想看的节目，我正想抢回来，转念一想，现在我还是"爸爸"，不能抢，所以我只好默默地走开了。

晚上躺在床上，我想：原来当爸爸也不容易呀！

尝试——当一回海伦·凯勒

杨　绅

假期中，读到海伦·凯勒的《假如给我三天光明》，为她那份期盼与满足所打动。为什么她是那样的向往三天的光明？我终于耐不住性子，决定尝试当一回"海伦·凯勒"。

星期三的清晨，红彤彤的太阳从东方冉冉升起。我站在阳台上，面对太阳，闭上眼睛，又蒙上了一条纱巾。眼前光亮的一切立刻消失了。海伦·凯勒能把太阳想象成什么样子呢？我现在又能把太阳在脑海中构想成一幅什么样的奇观呢？太阳，圆圆的，红彤彤的，光芒四射……嗯……还有……还有……日日都见的太阳此时在我的脑海中只是这样一个失去光彩的形象。那树呢？树叶是绿的，树干是青的……那再想一下云彩吧，洁白无瑕，四处慢慢飘动。尽管挖空心思地想着语文书本上那些优美的词句，但是这些日常就与我朝夕相处的景物竟像一块干干巴巴的白菜叶一样，形象不丰满，神韵在眼前的一片漆黑中逃之夭夭。此时此刻的我已按捺不住急切的心情，想睁开眼睛，取下纱巾，仔细看个够，然而我提醒自己现在是在尝试着当一回海伦·凯勒，海伦·凯勒现在是无法睁开眼睛看到东西的，于是又耐下性子继续尝试。

我感受到高尔基笔下的那座时钟在"嘀嗒、嘀嗒"地走着，然而此时的"海伦·凯勒"却只拥有漆黑、寂寞、苦闷与充满整个胸腔的热切：盼望光明，盼望光明！海伦·凯勒当时是否在怨天尤人，是否垂头丧气，是否自暴自弃，是否丧失了生活的信心？没有，海伦·凯勒有的是用整个生命去拥抱太阳，去充实生活，以坚强的意志去描绘自己黯淡的生命，使之闪耀生辉，照亮了别人，同时也照亮了我，消除了我对她祈求、冀盼三天光明的不解，增加了我对她的崇敬。

此时此刻，我的心已平静了许多，我是在尝试着当海伦·凯勒，然而，光明却使我那么期盼。大约过了半个小时，或许是更长的时间了……我急切地拉下纱巾，猛地睁开眼睛，万道光荒四射而来……眯着眼看看表，竟然才过了十分钟。

十分钟，才短暂的十分钟，我却度日如年。就在这一瞬间，我懂得了海伦·凯勒的伟大。仅仅通过这一次尝试，我便认识到了"三天光明"的价值，也仅仅是通过这一次尝试，我便伸开双臂，想拥抱太阳，高呼："太阳真好，生命真好！"此时竟使我不由得背起岳飞《满江红》中的名句："三十功名尘与土，八千里路云和月。莫等闲、白了少年头，空悲切……"

轻飘飘的诺言

危 急 时 刻

刘 鑫

直到如今，想起那一幕，我还感觉到心惊胆战。

那一次，爸爸的同事结婚，我们全家一起去新津的一个酒店为新郎、新娘祝贺。爸爸妈妈和他们的同事摆着龙门阵无暇顾及我，我只好一个人无聊地东看看西瞧瞧，突然，我看见离我不远处有一个电梯，我急忙跑过去从一楼坐到三楼，又从三楼坐到一楼，来来回回，虽然没有多大意思，但可以打发时间。无聊的时候也觉得很好玩。可是当我刚想从三楼坐电梯回到一楼时，发现电梯里只有我一个人，心里不禁有些紧张。心想，要是停电了，我就惨了，一个人待在里面多恐怖啊！想着想着，突然，电梯里的灯灭了，一片漆黑，我顿时惊慌失措，用脚使劲儿去踢电梯门，一边用力踢关得严严实实的门，一边大声哭喊："爸爸！妈妈！救命啊！"可任凭我喊破嗓子也无济于事，外面根本听不到。我在狭小的空间里急得像热锅上的蚂蚁——团团转，不知道该怎么办。

爸爸妈妈正和同事聊天呢，不到吃饭的时间他们肯定不会找我的。难道我就这样待在这漆黑的电梯里吗？不能。我突然想起学过的课文《"诺曼底"号遇难记》中的那位充满智慧的哈尔威船长，他在船即将沉没的危急时刻，因为镇定自若，临危不惧，才想出了办法，使救援工作井然有序地进行着，才让所有乘客和船员安全逃生。我得自救。对了，冷静下来之后，头脑一下子清醒了，我猛然想起我看过的一本书上写的一句话：在电梯里，如遇停电，请按报警器。我忙睁大眼睛仔细看电梯门的右侧，隐约看见一个黄色的按钮上印有一个小铃铛，我试着按了三下，过了一会儿，电梯门慢慢打开了，我一下子冲了出来，跑到楼下，对着爸爸妈妈号啕大哭起来，把他们都吓坏了。他们忙问我怎么啦，我哭得很伤心，一个工作人员急忙解释道："刚才临时停电了，孩子被关在电梯里了，我们听到报警器响了，才赶来把电梯门撬开的。对不起，让孩子受惊吓了！"爸爸妈妈和叔叔阿姨才恍然大悟，于是都来安慰我，还夸我勇敢呢。

这件事虽然过去很久了，但它留给我的记忆却是永久的。偶尔想起，都还有些后怕。可怕的经历也是一种财富，它让我懂得：危急时刻千万别慌张，应该沉着、冷静，才能急中生智，化险为夷。

雨夜冒险

周邑博

回到家写完作业，天色已经不早了，可爸爸妈妈还没有回来。我给爸爸打了个电话，他说："我在王叔叔家，你过来一起吃晚饭吧。"

刚下过一场雨，地面湿漉漉的，街道上人很少。我撑起伞决定抄近道去王叔叔家。

拐进一条小巷，突然发现不对劲，这里本来有路灯的，今天怎么不亮了。只有远处的灯光射过来，在湿的地面泛着光，看起来像一双双若隐若现的眼睛。我的心扑通扑通地跳着，这么幽深的小巷里，会不会突然跳出一具僵尸啊！正这么想着，我又不禁嘲笑自己：玩大战僵尸的游戏玩多了，都走火入魔了？我鼓起勇气往前走，突然发现不远处的墙头上有什么东西在闪光。定睛一看，原来是一双眼睛。这是多么可怕的一双眼睛呀，绿幽幽的。吓得我双腿发抖，正想夺路而逃的时候，听到"喵——喵——"的叫声，我松了口气，原来是小猫的眼睛。

继续往前走着。突然刮起了风，呼呼地从我身边窜过去，树在风中摇晃着，发出"嗖嗖"的声音，这不是吸血鬼出现的前兆吗？我感觉在前方阴暗的角落里，就有一只可怕的吸血鬼正准备冲出来。我的牙齿不听使唤地打起架来，脚碰到了一个圆滚滚的东西。骷髅头！我的心中咯噔了一下，撒腿就跑。好在小巷不长，几秒钟的时间，我就跑到尽头了。尽头是大街，明亮的路灯光让我的心安定了下来。我定了定神，回头去看那个"骷髅头"，原来是一袋垃圾在路中间。

还是坐三轮车吧，反正爸爸付钱。我举起手臂，大声喊："三轮车。""吱——"的一声，一辆三轮车在我前面停了下来。呃，这骑三轮车的人怎么也显得这么可怕呀？你看他满脸的横肉，赤裸着胳膊，露出黑色的肌肉，他的牙齿在路灯下闪着光，看起来像是个加勒比海盗。不过，他说话挺温柔的："小朋友，去哪儿呀？"我壮着胆子坐上了车，喊出了王叔叔家的门牌号。

几分钟后，我看到在王叔叔家门口等着我的爸爸，一次惊心动魄的雨夜冒险终于宣告结束了。

记一件幸运的事

叶家琦

天气真热啊，热得我喉咙直冒烟。我向妈妈要了二十元钱，去小店里买雪糕。

小店的生意很好，来买啤酒的，买瓶装水的，买各种零食的。老板忙得不可开交。冰柜里的雪糕琳琅满目，各种口味的都有：草莓味的、香草味的、蓝莓味的……我选了一个香草味的三球雪糕，老板说要五元钱。我把二十元钱放到柜台上，老板顺手就收到抽屉里，心不在焉地点了三张纸币给我。啊？四十五元？我的小心脏突然加速跳动起来。老板肯定是走神了，他还以为我给的是五十元一张的纸币呢。我有点儿紧张，从老板的手中接过钱，不敢久站，匆匆离开了。

走在路上，一边吃着冰爽的雪糕，一边想着装在口袋里的四十五元钱，我觉得自己幸运极了。今天撞大运了，吃了雪糕，又赚到了钱。

回到家，我欢喜地把这件事情说给妈妈听。我以为妈妈也会为我感到欢喜的。谁知道妈妈听了，一脸的不高兴，说："快把钱还回去，你不能占这种小便宜。"

听了妈妈的话，我一开始还是有点儿舍不得。可是转念一想，小店的老板每天起早贪黑，在小店铺里忙里忙外的，他赚点儿钱多么不容易啊。想到这里，我就来到小店，把事情的缘由说了，退给他三十元钱。

老板一边夸我很诚实，一边从抽屉里拿出一个儿童手机，对我说："这是你落在这里的吗？"看到这个手机，我突然想到自己刚才走得太匆忙，竟然把手机落在小店里了。

啊！今天真是太幸运了，我把老板多找的钱还了回去，我的手机失而复得，是多么值得高兴的事情呀！

难忘的一次经历

何妍臻

此刻，我正在进行古筝作业回课，情况似乎并不好，时不时蹦出几个杂音和错音，这在本来优美的旋律中显得非常突兀，使我感到十分沮丧。脸色估计此刻已经发白，我紧抿着嘴唇，手心里全是汗，但我还是要硬撑着，做最后的努力。

"停。"老师微微蹙着眉头，不满地叹了口气，又摇了摇头。我忐忑不安地绞着手指，低着头，时不时地用眼睛去偷瞄老师的脸色，生怕老师随时会爆发似的。

我的担心不是多余的，果然，老师先是深深地吸了一口气，然后像唐僧念经似的噼里啪啦地一顿训斥："这首曲子在家没练习过吗？是不是又在看电视？下次练琴的时候叫你妈妈在旁边看着，不许偷懒，听到了吗？还有啊……"我咬着牙关，羞愧得恨不得找个地方钻进去。

我阴沉着脸回到家，恨恨地对天发誓："我一定要把这首曲子练熟了，决不能让老师小看了我……"可是——我能做到吗？

我深吸一口气，开始弹下第一个音符，不急不躁，旋律重又变得悠扬起来……随着最后一个音符飘散在空中，余音袅袅，我似乎又浑身充满了力量和信心。可是还没等我长长地呼出一口气呢，妈妈就要命地催促着："第二首是什么？快弹，别磨叽，你们老师让我听你弹奏！"什么？老师这么快就告密了！真是神速啊！

第二次回课的时候，老师沉着脸，神色不动，正在我忐忑的时候，老师轻启朱唇："嗯，有进步。马上要乐器比赛了，老师推荐你去参加吧！"虽然她的脸还是冷冰冰的，可我还是能听出她语气中藏不住的笑意。心里按捺不住的兴奋，但我只是矜持地笑了笑，因为我知道，一旦喜形于色，老师又会语重心长地循循善诱道：不能翘尾巴，不能骄傲……

一回到家，我就原形毕露，兴奋地在床上上蹿下跳。老姐看我那个疯狂劲，忍不住朝我翻白眼、泼冷水："你是学校跳高运动员吗？比赛还没有开始呢！"

比赛那天，我自信满满地来到赛场，可看了前面参赛选手的表演，我不免有些忧虑：唉，她们太强了，我能行吗？

我垂头丧气地随便找了个位置坐下，也没心情看表演了。这时，老师走了过来，她一眼就看穿了我的心思："不要受外界的干扰，平时怎样练习，现在就怎样发挥，一定要相信自己！"有了老师的鼓励，我感觉稍好了一些。就在瞬间，广播声响起："请21号同学上台表演！"

我的心一下就提到了嗓子眼儿，硬着头皮走上台去。琴弦在灯光的照耀下变得五彩缤纷，让人眼花缭乱。我顿时乱了阵脚，平时能倒背如流的曲子现在对我来说却成了泡影。可伴奏已经响起，我不得不跟着节奏弹奏起来。每一个音都没跟住，越弹越乱，越乱越急……不行了不行了！我心里绝望地哀号着。

老师也觉察出我的异样，在台下使劲儿地为我鼓掌、加油，可我的心咚咚直跳，心神已乱。这时，一个大胆的想法倏地冒了出来。

"音乐老师，等一等，我想重新开始！可以吗？"当我大胆地提出这个要求的时候，老师并没有惊讶，而是宽容地一笑，重新播放起伴奏带，然后朝我做了"OK"手势。

美妙的音乐就此响起……感谢老师能够再给我一次机会，这次一个音符也没弹错！

我竟不能相信自己！站在台上，心里有掌声响起，似要把舞台震塌！

看书权利争夺战

戴文轩

我是一个名副其实的小书迷，什么书都爱看：校园小说啊，作文大全啊，经典童话啊……只要是白纸黑字的书，我就想翻翻，"开卷有益"嘛！这不，表哥刚送了一套超级好看的童话书，我为了看书还和家人有几番争斗呢。

镜 头 一

这天，我躺在床上如痴如醉地看着一本《皮皮鲁》的童话。妈妈经过了我的房间，看见我在看童话。一个箭步冲进门，一把夺过我的书，说："你怎么还有时间在这儿看这些书呀，有时间多复习复习功课。"我还想做最后的反抗："作业写完了，书也背会了，我还能干什么？""科学呢？英语呢？数学呢……都读了背了，再看书。"妈妈瞪大眼睛，朝我开"炮"，一大堆任务从天而降。我不得不去复习功课，第一战，我败北。

镜 头 二

早上不能看，我晚上偷偷地看。锁好门，盖好被子，我埋头在被窝里，用手电筒照着看。"这本《幽默三国》真有趣，咯咯咯——"当然，我在笑的同时也不忘警戒，捂着嘴，闷着被子，竖起耳朵，一听到门外有动静，马上把书放好，手电筒藏好，躺直了装睡。爸爸轻轻地推门进来，检查我是否在安心睡觉。我早就摆好了姿势，等待领导"莅临检查"了。看见我"睡"得正香，爸爸有点儿疑惑地拉拉我的耳朵，弹弹我的鼻子。我轻轻地呼气，纹丝不动。爸爸嘀咕着"这孩子睡得真沉"拉上门走了。哇哈哈哈——我赢了，打开手电筒继续我的看书大业。

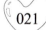

镜 头 三

据可靠消息，今天，我方两位战士"叛变"了。这两位战士就是——爷爷、奶奶。他们本来信守"书中自有黄金屋，书中自有千钟粟"的看法，大力支持我看书的。上午，不知道是哪位"知名人士"宣传说看"闲书"有损成绩，于是他俩就临阵倒戈，又站在爸爸妈妈那方了。中午，完成了作业，我又像往常一样，扑在床上享受着我的"书本大餐"。正看到兴头上，爷爷奶奶来了，语重心长地说"文轲

轻飘飘的诺言

呀，不要再看这些书了，成绩会退步的，好好看看课本吧。"我抬头看了他们一眼，没有说话，继续埋头看我的书。爷爷奶奶一看"苦口婆心"的劝说无效，摇摇头走了。这一战——和局。

下午，成绩单发下来了，我的成绩不但没有退步，而且还进步不小呢？这下，两位老"战士"就没话说了，又"倒戈"过来支持我看书。

看书权利争夺战，我大获全胜。不过，爸爸妈妈可没有就此甘心认输，我在享受看书乐趣的同时，还得时刻注意成绩，不能让爷爷奶奶找到"叛变"的借口。

新片"家中愚人节"首映式

徐彤瑶

今天，是我家一年一度的"愚人节"——公历4月1日。经前昨晚家庭会议研究决定，于今日早晨开始，先进行一天的激战角逐，按每人次的上当受骗次数多少，再分出胜负，决定奖惩！

镜头一：老妈

清晨，老妈早早地起床，在厨房里乒了乓啷地忙活着什么。不一会儿，我和老爸还在自己的被窝里香甜地做着黄粱美梦之时，老妈扔出了今天的第一个"声控炸弹"："起床啦，起来吃早餐啦！"那声音，简直是震耳欲聋！

我和老爸二人异口同声，懒洋洋地回了句："干啥呀，我还没睡够呢！"老妈见状，立即拉下脸，叉着腰，将声贝拉下五个百分点："有鲜美的早餐吃哦，我一大早就去买了鸡肉卷、土司、煎蛋……"那声音真是极具诱惑！

顿时，我和老爸以掩耳不及迅雷之势，一咕噜下床，冲进厕所，再冲出来，飞奔到餐桌前面的时候，才用了仅仅三分钟的时间！

当看到餐桌上的"美味"时，原先的"口水直流三千尺"的幻想彻底被击破了！我的鸡肉卷，我的土司，我的……取而代之的是一锅稀饭，几根油条，仅此而已！老妈脸上的"奸笑"已经告诉我和老爸，我们"光荣"地上当了！比分情况：我＋老爸对比老妈，比分是1：0。

镜头二：老爸

吃完了早饭，各归各位。我回屋写作业，老妈准备午饭，老爸优哉游哉地躺在沙发上看电视。

这个时候，老爸突然提高声音向我的房间喊了一声："彤瑶，你最爱看的电视剧《绿光森林》来了。"听到这句话，我火速冲出房间，一把夺过老爸手里的遥控器，从第一个频道一直摁到最后一个，就是没有《绿光森林》！我顿时回过神来，气冲冲地跑回房间！我再次上当了！比分情况：我：老爸：妈妈是2：1：0。

镜头三：我

为了回敬老爸，我使出了绝招，嘿嘿！我故意找了个借口出去买文具，站在门口待了三分钟，然后，重重地敲了几下门，学着爸爸同事小黄的声音："阿进啊，在家吗？我是小黄！"爸爸果然中招，可当他打开门后，发现门口站着的那个是我而不是黄叔叔时，哭笑不得！耶！成功了！比分情况：我：老爸：老妈是2：2：0。

到了晚上，一场激战也跟着拉上了帷幕！很明显，老妈一脸春风得意的样子告诉我和老爸，我们输了。哎，谁叫我们"自相残杀"呢！而这后果就是，我跟老爸"无偿"地给老妈打扫了两个月的地板！

轻飘飘的诺言

何佳妮

024

"只要你期末考试每门功课都在九十分以上，我就给你买一套《同桌冤家》。"进入期末总复习阶段，妈妈怕我在复习的时候走神，就给我许下了这个诺言。

虽说一套书的价格不高，可《同桌冤家》正是我梦寐以求的，我没有丝毫的抵抗力。振作了一下，我便开启了学霸模式，全身心投入到复习迎考之中。

期末考试在我忙碌的学习中匆匆跑了过来，我的努力没有白费，成功拿到了四个"优"。捧着成绩单，就像捧着充满魔力的水晶球，我的心飞快地跳跃着，如同一个小孩子得到了自己最喜爱的糖果。

"妈妈，你看。每门功课都是九十分以上哦。"我说得有点儿急，短短的一句话有好几个字说破了音。

"孩子，你很棒！妈妈看好你。"妈妈拿眼睛往我的成绩单上扫了一眼。

　　"什么时候带我去买《同桌冤家》啊？你答应过我的。"

　　"有吗？我不记得有这么一回事。嗯，我先去烧菜了……"妈妈的脸上浮现出一副什么都不知道的表情，好像是有人冤枉了她似的。

　　我在过道里站着，看妈妈离开的背影在夕阳下拉得好长好长。她怎么就忘了自己的诺言呢？

　　不知道站了多久，感觉傍晚的风有了凉意，树叶被风吹得沙沙响，好像在吟唱一首伤心的歌。

　　"我不记得有这么一回事……"脑海里一遍一遍重复着妈妈的话，我的口里有苦的味道在蔓延。

　　晚饭很丰盛，满满的一桌美味佳肴，可我只扒了几口饭，就回房间了。

　　"佳妮，怎么啦？不舒服？"一个温柔的声音响起来。是爸爸。

　　我含着泪，把事情说了一遍。

　　"没事儿，妈妈事情多，可能忘记了。我带你去买。"

　　虽然我最后得到了《同桌冤家》，可心中却没有多少快乐的感觉。妈妈，你一句诺言轻飘飘地落下，在我的心中投下了多么浓重的阴影啊！

端午节之"怪怪粽"

董力衡

"五月五是端午，家家户户都要吃粽子。"初五早上一起来，奶奶就一边说着，一边把包好的一大捆粽子，放下锅煮了。

看着下锅的粽子，我心想，真不知道吃粽子时会出现什么花样。要知道，我们家包的粽子，可是"怪怪粽"哦，里面的馅儿可是千奇百怪的，吃粽子时你会吃出什么来，那可是不一定的，粽子里有的包了硬币，有的包了猪肉，有的包了牛肉，有的包了豆沙……总之呢，吃粽子的时候一定要小心就是。

026

煮了两个多小时，粽子出锅了，我们一家人要坐在一起开吃"怪怪粽"了。我看着众多的粽子，下手挑了一个个头好看的，然后在心里想着里面一定会是硬币或枣子，可千万不要是豆沙或肉的呀！我可是最不喜欢吃这两种的。

我小心翼翼地把粽叶打开，似乎生怕里面的东西会逃走似的，我张开嘴巴轻轻地咬着粽子，因为我担心牙齿会因咬到硬币而掉下来。可我吃着吃着，觉得不对劲，咬了一大口下去，啊！原来我吃到了最不喜欢吃的豆沙粽，真难吃。可是我必须得吃完，这样才会有机会吃下一个粽子，才能吃到想吃的粽子。我把豆沙粽塞入口中，嚼了嚼就狼吞虎咽了下去，接着赶快抢来第二个粽子吃。哈哈，里面是个大大的欧元硬币哟，我吃完粽子，拿出硬币洗干净，便收入了囊中。

我来看看爸爸的成果怎么样。哇，爸爸吃得可真快，已经连吃了五六个了，我真怀疑爸爸是不是大罗神仙——猪八戒下凡。

不过老爸还真走运，竟然没有吃到一个他最讨厌的甜食，吃到了全是他爱吃的肉粽，什么猪肉、牛肉、羊肉尽收嘴底呢！总之呢，是心想事成了。而老妈呢，是"发财"了，吃得全是硬币，而且是"大号"的呢！再来看看奶奶，也不错哦，虽然只吃了一个粽子，但这个粽子是奶奶最喜欢的枣子粽。

晚上，吃饱喝足，摸着兜儿里的硬币，我的心中不免涌出了一阵满足感。

美 食 节

夏家濠

中国人讲究"民以食为天"，中华美食享誉世界。星期五的时候，我们学校就以班级为单位开展了"美食节"活动。

活动开始啦！同学们个个都兴奋起来，拿起碗、勺、筷子，准备大快朵颐。

原本朴素的教室，现在被装饰一新。黑板上画着各种鲜艳的美食，四周墙壁上，贴满了美食的各种海报，门窗也没空着，挂着五颜六色的气球、各种颜色的花儿……到处洋溢着节日的气氛。

桌子被横过来了，在教室里围了两圈，桌子上摆满了各种美食。

烤得金黄酥脆的鸡翅，摆出各种造型的水果拼盘，炸得酥黄酥黄的鸡块……它们散发出各种诱人的香味，期待着我去品尝。

看看这个，很好吃，看看那个，很美味，我都不知道先吃哪个好呢。"张大嘴"最高兴了，他没有丝毫的犹豫，拿起餐具就启动"抢吃模式"，嘴巴里塞得满满的。我问他："这个寿司味道怎样呀？""哦，嗯……嗯……哦！"他只顾着和各种美食作战，都忘记怎么说话了。

"小淑女"李怡一开始还表现得很斯文，一小口一小口地品尝美食。可是当她尝到秘制咖喱蟹的时候，就完全抛弃了淑女的风范，嫌筷子夹的动作太慢，干脆伸手抓，吃得满嘴流油，连咖喱汁顺着嘴角滴到衣服上都浑然不觉。

"馋嘴猫"王茂最开心了，一边吃着一边撒欢儿地四处乱窜，窜到哪儿就吃上一口。嘴里嚼着美食，含糊不清地嚷嚷"太好吃了""超级美味""人间绝品"。他那馋劲儿，似乎不把所有的美食都吃光抹尽誓不罢休。

看他们吃得这么香，我也不甘示弱，马上投入到品尝美食的行列中。

在教室里转了两圈，各种美食都品尝了一点儿，我的肚子已经圆鼓鼓的了。这美食节，真是太过瘾了！

谁 是 小 人

李博文

开学第一天的早晨，我背着崭新的书包，高高兴兴地上学。

到教室门口一看，门还没有开，可同学们都已经早早地来了。一个假期的分别，同学们见面都很高兴，相互打着招呼。然后，大家就仨一伙、俩一串的叽叽喳喳地议论着暑假里的见闻。说到高兴的地方，就是一片笑声，场面真是热闹非凡。

有的同学在相互追赶着玩游戏。我正和李世炎饶有兴趣地说着动画片里的人物，还把自己喜欢的精彩片断手舞足蹈地表演出来。突然，我感到周围安静了下来，怎么回事儿呢？

我抬头一看，原来有一个头特别大、身子特别小、走路一歪一歪看起来像鸭子在水面游的学生背着一个看起来跟他差不多大的书包，正向我们这个方向走来。看着他走路的样子，大家都感觉很滑稽，就像看外星球人一样对他行起了注目礼，一时间，一点儿声息也没有。他在众目睽睽之下，丝毫没有惊异，从容地向前走着。

有几个调皮的同学跑到他的背后弯曲着腿学他走路，逗得大家捧腹大笑，有几个更调皮的同学在他背后竖起了兔耳朵。同学们都忍不住偷偷地笑。可能感觉气氛不大对劲儿，这个"怪同学"回过头来看了一下，那几个调皮的同学赶紧故意装作没事儿一样，惹得同学们又一阵大笑。而这个"怪同学"稍稍停顿了一下，就气定神闲地走进隔壁教室里去了。

我心想他这么"小"的人也能进入实验小学毕业班？以前也没见过他呀，他到底是从哪个地方转过来的呢？他怎么长得这么怪呢？那么多的同学都在取笑他，他一定感到自卑吧？

想到这里，我不由得对"怪同学"的坦然从心里感到敬佩，对嘲笑他的同学投去鄙夷的目光。我在想：一个身体上有残疾的同学竟然不自卑，他的身材虽然是矮小的，可在我的眼里，顿时高大起来。可那些指指点点自以为自己身材高大健全的同学，我总觉得你们并不健全、高大。看看被大家戏谑的"小"人，瞥一瞥我身旁的"大"人，猛然间，我才知道，谁才是真的"小人"了。

酸酸甜甜就是它

　　我想到蜗牛是背着房子行走的，那些流浪的人们没有房子，就让蜗牛大仙给他们送一间能够缩小了放在背上背着走的房子吧。于是世界上就没有无家可归的人了。我又想到，有了房子还不行，需要有土地使用证啊，不然就是违法建筑了。唉，可怜的人们刚刚有了房子，结果却只能在背上背着，没地方放。

吹鸡毛比赛

俞铮琦

"加油，加油！"一阵又一阵热烈的呼喊声，只震得耳膜嗡嗡作响。原来，班里正在举行有趣的吹鸡毛比赛。

比赛规则是：全班分成两大组，分别是霹雳组和流星组。教室中间有一条金线，这条金线把整个教室一分为二，鸡毛吹落到哪边，哪边就输了。

首先，我自告奋勇地走了上去，和我一组的还有崔奇和冯宁清。流星组选出的是孙慧、於婧和褚首昂。比赛开始了，崔奇半蹲着，鼓着腮帮，准备施展"蛤蟆功"第一式"气吞天下"，那自信满满的神情仿佛在说："蛤蟆功一出，天下必得。"真是让人忍俊不禁。

姚老师一声令下，鸡毛竟然不惧蛤蟆神功，飘飘悠悠地飞向了我们这边。我们三个一起吐气，三股气流在空中汇聚，形成了旋涡，空中的鸡毛就像一个迷失方向的无头苍蝇，在旋涡中不停地打转。崔奇见蛤蟆功不见效，随即用了一招"狗急跳墙"，用力一蹦，抬头朝对面猛地一吹，终于把鸡毛"赶"走了。眼前的场景，让我突然想到"鸡飞狗跳"这个词儿，真是乱成一团啊！

流星组选手孙慧侧着身子，使劲儿往我们这里吹着气，但没掌握好方向，鸡毛被吹到了讲台上方。褚首昂马上赶去救场，对准鸡毛

"呼"一吹，这股气流虽然不猛，可是目标准确，鸡毛又飘到了我们这边。

崔奇站在最前面，作为前锋，鸡毛又来挑战他。可是他刚刚使用过看家本领，正累得吐着舌头直喘气，看来"狗急跳墙"的绝招虽然威力十足，可是消耗掉的功力也不小啊。幸亏我上前一步为他支援，鼓足气把鸡毛又给吹过去了。

孙慧拿出"巾帼不让须眉"的架势，不甘示弱地冲上前，嘟着嘴巴使劲儿朝我们这边吐气，努力不让鸡毛飘到他们那边。眼看鸡毛在几股气流的交汇处飘飘悠悠地飞着，即将落地。崔奇急中生智，趴在地上，使出"绝地重生"的招式，抬头又把鸡毛吹到了上空之后，再转头朝北吹。孙慧毕竟肺活量不够大，竭尽全力，可还是"救"不了鸡毛。

"耶！"霹雳组的同学欢呼雀跃，声音如同平地响起了一声霹雳。

跳"山羊"

董力衡

"这节课的活动内容——跳'山羊'。""啊——"当体育老师宣布这一决定时，同学们全都喊了出来，声音足足延长了十秒钟。同学们脸上写着不同的表情，有的欢喜雀跃，有的愁眉苦脸，有的带着得意的笑容，还有的发出一声无奈的叹息。师令如山倒，男生们抢着去抬器材了。"啪——""山羊"稳稳地落在了地上，男同学个个摩拳擦掌，跃跃欲试，几个女同学却往后躲着，生怕老师请她第一个试跳。

我仔细看了看"山羊"，四根铁腿上，支撑着一个黑色的皮垫，这"山羊"没头没尾，简直就是"四不像"。哼，不就是一只没头的"小山羊"，跳"山羊"——轻而易举的事。

老师给我们做示范了，先来一段助跑，跑到"山羊"身前，把两手按在皮垫上，两腿用力一蹬，敏捷地分开，就跳过了"山羊"平稳地落地。同学们看着老师熟练的动作，都不约而同地大声叫好。

随着老师的哨声，跳"山羊"开始了。先是邵鹏来跳，他可是我们班的"大力士"——体育健将，我看他早就手痒痒地摩拳擦掌，迫不及待。他快速地向"山羊"冲去，双手往皮垫上一按，人就飞了起来，谁知用力过猛，收束不住，摔了个四脚朝天。嘿！这一下可是摔得够重的，躺在软垫上一下子还爬不起来。

轮到亦涵来跳，她个子虽小，身手还挺灵活的。只见她跺跺脚，也像模像样地来一段小跑，可是跑到"山羊"面前，用力一跳，却翻不过去了，坐在了羊背上，成了骑"山羊"。惹来同学们一阵捧腹大笑。

终于轮到我来跳了，看见他们两个都弄得一身狼狈相，早就心慌了。老师已经用哨子催了好几次，我那不争气的腿不由得抖了起来。当我抬头看到老师那鼓励的目光，心想：老师对我那么信任，相信我会跳过去，那么我自己呢？只好硬着头皮上。我学着老师的样子跑了起来，可是脚步却轻飘飘、软绵绵的，一点儿也没有脚踏实地的感觉。再看那黑色的"山羊"，在我的眼里越来越大了，大得让人高不可攀。

当我用手撑着"山羊"的身子时，双腿用力一蹬，两脚迅速分开。我感觉身子飘起来，就像一片离开了树体的落叶。正在我不知所措的时候，忽然感到双脚碰到什么，等到我明白过来的时候，我已经站在软垫上了。虽然落地不算平稳，可终究是跳过来了。"我跳过来了！"看看身后那个"四不像"，它只不过是一只温顺的"小山羊"。我这才发现我已经彻底战胜它了。

跳"山羊"真有趣，同时也使我明白了一个道理：有许多事情看起来很难，但是只要有信心和勇气，还是可以克服的。

学 书 法

倪琦博

家长会后，老妈下达了最后通牒："从明天开始，每天晚上六点，都得上书法课去！"我连连点头答应。

第二天，我怀着激动的心情来到了培训班，看着其他小朋友在那儿认真地练着字，我也迫不及待地拿出毛笔和纸，有模有样地写了起来。一节课下来，发现老师只教了个"横"笔，然后，就是要我们不停地重复练习，好枯燥啊！原先的那种新鲜感很快就被厌倦吹到了九霄云外，干脆把笔一丢，不练了！

于是，我就开始捉弄起周围的小朋友们，这些小动作很快被书法老师发现了。只见老师走到我面前，拿起我的那张练习纸看了起来，我的脸顿时红得像番茄一样，心想：完了，老师肯定要跟老妈告状了。出乎意料的是，老师看过之后，只是微微一笑，接着就给我们讲起了水滴石穿的小故事：有一个小水滴，不顾大石头的嘲笑和轻视，凭借自己的微小的力量，长年累月，坚持不懈，终于把那块大石头滴穿了。听到这里我的头低得更低了。"我们就应该学习小水滴这种坚持不懈的精神！"老师最后的这句话从那刻起深深地印在了我的心上。

那天以后，我每天都认真地坚持练字。这一次家长会后，老妈回到家，看着她甜滋滋地朝我微笑，我心里终于舒了口气……

酸酸甜甜就是它

王博申

作文难不难？难！

作文课，老师又出老掉牙的题目——《我的课余生活》，还一再强调，要写出新意。我苦思冥想，始终不觉得我的课余生活还有什么新意啊。每天上学放学，吃饭作业，熬到了双休日时，不是这个培训班，就是那个培训班，哪里还有什么课余生活？

为了迎合老师的口味，我只得胡编一个，说自己是怎么热爱书法吧，可是我从来没有喜欢过横平竖直的书法，该从什么角度去写呢？唉，当然又是写自己是怎么被书法迷住的，睡觉的时候，还要拿手指头在被子上画。练书法的时候，练得走神了，妈妈让我吃吐司，我没有蘸果酱，而是蘸着墨汁吃。我废寝忘食地练习书法，终于学有所成，在市区的现场书法大赛中获得了金奖。

谁知道老师看了作文之后，在后面写了一行批语：嘿，看不出来，就你这字也能获奖。我心里那个酸啊，连舌头都不敢吐一下。

你要说作文难？有时它还真就不难！

这次作文课，老师让我们编写一个有趣的童话。我想到蜗牛是背着房子行走的，那些流浪的人们没有房子，就让蜗牛大仙给他们送一间能够缩小了放在背上背着走的房子吧。于是世界上就没有无家可归的人了。我又想到，有了房子还不行，需要有土地使用证啊，不然就是违法建筑了。唉，可怜的人们刚刚有了房子，结果却只能在背上背着，没地方放。

老师读了我的作文，非常满意，给我打了一个大大的"优"，还在班级里当范文读了。当我感觉到同学们用羡慕的眼神看着我的时候，我心里那个甜啊！

上了五年的作文课了，你要问我作文是什么滋味的，我会告诉你：酸酸甜甜就是它。

爷爷是个环保主义者

郑绍涵

我的爷爷可是一位环保主义者哦，他不仅自己过低碳生活，还提倡家里人都过低碳生活。

夏天不开空调

走进爷爷家，你一定会觉得少了点儿什么。嗯，在夏天的时候，感觉特别明显，原来爷爷家里是没有空调的。我们总是劝说他添置一台空调，又花费不了几个钱。可是爷爷总是振振有词地说："空调买来也没有什么用，除了浪费电，我不觉得空调会给我的生活带来什么好处。再说了，这房子是坐北朝南的，夏天的夜晚凉快着呢。我这空调可是'大自然'牌的，比什么用电的空调都来得环保。"在爷爷的极力坚持下，不仅爷爷家没有装空调，爸爸、姑姑们家里的空调也用得少了，更多的时候是打开窗户，让凉风吹进来。

回收易拉罐

我家是"饮料之家"。炎热的夏天就不用说了，即使在冬天，也是要每天消耗掉半箱饮料的。这几天爷爷住到我家里，他就开始行动起来了，把我们已经扔进垃圾桶里的易拉罐一个个清理出来，装在一个大袋子里。等到有拾荒的人骑着三轮车经过的时候，他总要招呼人家来拿走它辛辛苦苦收集的易拉罐，而且还是免费送给人家。我总是感到纳闷，爷爷白费这么多的心思做什么呢？爷爷说："这易拉罐是可以回收的。如果没有及时回收，和垃圾一起填埋掉，可是会污染环境的。"

节 水 能 手

爷爷的节水点子特别多，而且办法还很古怪。他洗脸、洗手的水用来擦地板、冲马桶，洗米、洗菜的水用来浇花，泡衣服，即使是天上下雨，他也要弄点儿雨水进来使用。台风的时候，爷爷还特意在阳台上摆放了两个大水桶，让台风帮忙蓄水呢。台风过后，爷爷家可以用来盛水的桶基本上都被水占满了。奶奶总是唠叨："这么大的人，竟然得给雨水让位。"可爷爷却一本正经地反驳说："不是给水让位，是为低碳生活让位。"

爷爷真是个彻底的环保主义者！

我是低碳小达人

戴彤彤

早晨，爸爸看完了报纸，随手把报纸一揉，扔进了垃圾桶。

我看到了，皱着眉头走过去，大声说："爸爸，你这是干什么？"

爸爸被我的声音吓了一跳，疑惑不解地问："怎么啦？"

"你知道纸张是用什么做的吗？"

"当然知道了。是用树木做的。"

"那你也应该知道，废纸是可以回收的，回收报纸可以少砍一些树木，为国家的绿化做贡献。"

爸爸点点头，说："孩子，你真懂事。"

我和爸爸从房间里找出一个纸箱，放在大厅的角落，这个纸箱开始有了"工作岗位"——收集废纸。

中午，姐姐来我家做客，喝完饮料，随手把塑料瓶往垃圾桶里一扔。我看到了，走过去说："姐姐，这些瓶子可都是塑料做的，你知道白色污染是怎么产生的吗？"

"白色污染是说塑料袋，关一个饮料瓶什么事情啊？"

"塑料瓶也是塑料，可以集中回收加工的，我们这样随手乱扔，

酸酸甜甜就是它

会破坏环境的。"

姐姐不好意思地红了脸，伸手从垃圾桶里捡回了塑料瓶，放到大厅角落的纸箱里。纸箱又多了一项工作——回收各种饮料瓶。

傍晚，爸爸回到家里，急着脱掉外套，然后拿出遥控器要开空调，嘴里嘀咕着："今天可把我热死了。"

我一把抢过遥控器，说："爸爸，国家提倡'节能减排'，不要浪费资源。现在还没到夏天，你开电风扇就行了啊。"

爸爸愣了一下，说："好好好，就听你的。"

绿色生活，从我家开始，大家都行动起来，保护地球，绿化地球吧。

我心中的小河

郑昊博

我心中的小河是一条清澈见底的河流，小鱼在水中快活地游泳，追逐嬉戏，连水草也在悠悠地舞动着。

可是现实生活中的塘河是那样的脏，真令我感到沮丧。

今天，我到爷爷家做客，说起塘河以前的样子。爷爷告诉我，以前的塘河很美，河水清凌凌的，连河底的沙石都能看清楚。夏天的时候，小伙伴们都去水里游泳、打水仗。几个水性好的小伙伴，还能到河里捉鱼捞虾。

我说："塘河现在已经完全变脏了，河道的两边堆满了各种各样的垃圾，河水乌黑乌黑的，根本看不到小鱼小虾，连水草都看不到了，只能看到在河面漂浮的那种绿绿的浮萍。"

爸爸听到了我们的谈话，走过来说："那是因为改革开放之后，河两岸建起了许多工厂，大家都随意地把废水、垃圾倒入河里。河道被堵住了，河水这才变黑、变脏了。"

"对啊，都是人们肆意破坏才造成这种现象的呀，政府一直在提倡大家环保，可怎么就是不见效果呢？"爷爷摇摇头说。

"人们的生活是一天天变好了，但可惜的是，我们的塘河却在一天天变坏，再也见不到她先前的美丽容貌了。"爸爸也叹了口气说。

我心想：现在学校里不是宣传"五水共治"的活动吗？政府一定会加大力度来解决塘河污染问题的，因为现在科技发达了，可以用高科技的方法，把河水变干净，变清澈，那塘河一定可以像以前一样那样美的。于是我对爷爷和爸爸说："随着人们保护环境意识的提高，塘河一定会治理好的。"

"是啊，相信塘河的明天一定会变得更美好的！"爸爸说。

我期待着，心中那条清澈见底的小河一定会出现的。

塘 河 梦

王萌萌

站在大桥上，看着我们的母亲河——塘河，已伤痕累累，满目疮痍，我心疼不已。不由得回想起小时候的情景……

　　成群结队的鱼，正甩着尾巴，嘴里吐着泡泡，欢快地游着，还发出"啪啪""嗒嗒"的声响，多可爱啊！它们相互打闹着，玩着"咬尾巴"的游戏，时而从水中跳起，时而在水里跳着"芭蕾舞"，时而摇着尾巴，跟着同伴玩捉迷藏，在这清澈的水中，它们一边打扫自己的家园，一边跟同伴做游戏。

　　一群可爱的小鸭子，在鸭妈妈的带领下，优哉游哉地在塘河上游泳，它们那黄黄的羽毛在河水的滋润下，闪闪发光。小鸭子们爱上了塘河，在塘河里嬉戏、玩耍，它们不时地发出"嘎嘎"的叫声，来表达它们的喜悦。小鱼在塘河的另一半玩耍，而小鸭子则占据了塘河的这一半，它们打啊，闹啊，直到玩得气喘吁吁，才在岸上休息去了。

　　小朋友们在烈日炎炎的夏天，热得全身都湿透了，他们一到塘河边，就哗哗地跳下水，互相打闹，还比赛游泳。岸上的人来到塘河边洗菜，那一片片刚从地里拔出的青菜，沾满了泥，在塘河的抚摸下，变得晶莹透亮，闪闪发光。再看看塘河里的小朋友，游泳比赛结束了，他们累得双脚发麻，便回到岸上，把脚伸进塘河里，让脚也放松放松。

　　以前的塘河，真是美如仙境啊！但是，现在的塘河呢？臭气熏天。塘河里不再有小鱼游来游去了，也不再有鸭子在水里游泳了，塘河里连一个小朋友的影子都没有，路过塘河的行人更是捂住口鼻，快速地从塘河边走过。塘河从一个幸福的母亲，变成了身上布满垃圾、伤痕累累的臭河，再也没有人喜欢她，再也无人相伴。我的心情感到十分的沮丧，有说不出的伤心，我们的塘河妈妈，就这样没有了依靠，一无所有了。看着现在的塘河妈妈满脸的伤痕，我想，这一定跟工业有关！工业排出的污水，都灌到塘河妈妈的肚子里了，塘河妈妈感到难受，也不能自己修复身体，鱼儿看到黑暗降临，把它们逼入绝境，死神向它们伸出了手；鸭子正在河岸上散步，正想下水时，发现塘河里的水变得无比的黑，犹如墨水一般，它们也纷纷搬家了；小朋友们更是害怕，也就不敢下水了。就这样，塘河没了水中清洁工，没了她往日的同伴。日复一日，年复一年，塘河上不仅黑的如墨水，上面更是布满了垃圾，臭气熏天，人们都在嫌弃塘河，没有人管管塘河，帮塘河妈妈治病，没有人……

这天晚上，我做了一个梦，梦里，塘河又恢复了原来的样子，塘河的原貌又回来了，小鱼儿也回来了，鸭子也回来了，一切又恢复了原来的模样。我期待着，在"五水共治"的大环境下，我的梦能早日变成现实。

不 倒 翁

邵泽南

生日的时候，爸爸送我一个怪物：硬塑料做的，披一件淡黄色的衬衫，圆鼓鼓的头，两只眼睛一只睁着，一只闭着，还咧开嘴笑，样子很滑稽，可我却不喜欢。但是这毕竟是我的生日礼物，有纪念意义，我还是把它放在我的书桌前。

一次数学测试，我只得了六十分，虽然在我各门功课中，数学是弱项，可万万没想到会弱到这种地步。回到家，饭也没吃，就气冲冲地进了房间，狠狠地一甩门，坐在书桌前发呆：我的数学成绩越来越糟了，问题出在哪里呢？

不知不觉，我的眼光落到怪物的身上，它还是那样滑稽，一只眼睛闭着，一只眼睛睁着，冲我咧嘴笑。"笑什么笑，我伤心了你高兴

酸酸甜甜就是它

啊！"我气愤地一巴掌拍去，那怪物倒在桌子上了，我心里感到一阵解气，哼，看我教训你。谁知，那怪物摇晃着身子又站了起来，晃晃悠悠的居然站定了。岂有此理，我紧接着给它来个右摆拳，没倒！再来个勾拳，还是没倒！真是怪物。

突然，脑际闪过一道电光，爸爸送我生日礼物时说的话又浮现出来：泽南，你别小看这玩意儿，它身上有些精神值得你一辈子去学习。什么精神？就是它这种顽强的永不倒下的精神吗？我脑子里又想起了老师给我们讲的故事《老人与海》时说的话：人需要的就是永不言败的精神！是啊，学习不就需要这样一种精神吗？永远不要让失败击倒，只有坚持不懈地努力才有成功的一天。这就是爸爸送我小怪物的原因，我终于明白了爸爸的良苦用心。

从那以后，不管面对多大的打击，我都能顽强地站起来，就像我桌上的小怪物，总是摇摇晃晃地维持着积极的心态。

告诉你，这小怪物叫"不倒翁"，如果你需要不倒翁精神，你也可以买一个放在桌上哦。

可怕的礼物

尤彬豪

在我生日那天，哥哥送给了我一个特别的礼物，足有电风扇的表面这么大，但是上面只有一个按钮，而且外表是深红色的。"弟弟，这是哥哥花了三个星期给你准备的礼物哦，快打开看看吧。"

我十分好奇，哥哥这个特别的礼物会是什么呢？可是要等吃过蛋糕才能打开礼物，我只好慢慢地等了。等大家把一个大蛋糕吃完后，我迫不及待地打开礼物盒。忽然，一个小丑弹出来抓着我的鼻子不放，我被抓得疼死了。在哥哥的哈哈大笑中，我好不容易才把鼻子从"魔爪"中救出来。我仔细地看了看抓我的小丑蛋，它的样子可真吓人呀，两只眼睛一只高一只低，嘴巴里的舌头打着结，鼻子上画着一个"死人"。"啊！"我吓得尖叫了一声，把它扔在桌子上对哥哥说："你居然欺负我，看我怎么收拾你！"说着，我拿起一支笔向哥哥扔去，哥哥灵活地躲过了。"哼，你等着，我一定会好好收拾你的，今天我生日，不跟你计较。"我说道。"你怎么这么不讲礼呢！我给你生日的惊喜，你还说要收拾我，没良心的家伙。"哥哥向我做了个鬼脸，逃之夭夭了。

　　看着哥哥送我的礼物，再摸摸自己的鼻子，自己也笑了。咦？对了，我想到了一个"坏主意"。我的同桌林林不是很胆小吗？我就拿这个去吓吓她吧。

　　第二天，我带着礼物到学校去了，不过它这么大的体积，还真是不好放呢！我用袋子提到教室，下课后，我对林林说："林林，我有一个好看的东西要给你看哦，你一定会感到很惊讶的。""是吗？在哪儿呢？快让我看看。"林林高兴地说。我把礼物放在桌子上，让林林打开，结果她受到了和我一样的"待遇"，被小丑抓住了鼻子。林林吓得大哭了起来，而我则哈哈大笑。

　　"彬豪，你怎么可以欺负女孩子呢？"老师走了进来，"我……我……"我吞吞吐吐的，不知道要怎么说，其实我心里只不过是想吓吓她而已。结果我被我师罚写了一份检讨书，并向林林道歉。

　　唉！哥哥送我的礼物还真是可怕呢。

最珍贵的礼物

郑 苗

在我的抽屉里珍藏着一张贺卡，上面画着两个小姑娘手拉着手，亲密无间的样子。说实话，这张贺卡画得有点儿别扭，画面涂得歪歪扭扭的，一点儿美感都没有。但是它对我来说，却是最珍贵的礼物，你知道这是为什么吗？

我有一位好朋友，她叫依凡，我们之间好到了形影不离、无话不说的程度。就如同牙齿和舌头非常友好，但也会发生碰撞，我和依凡的友情也曾经发生过一次剧烈的摩擦。

依凡有一支漂亮的圆珠笔，我很喜欢，就向她借了。她二话没说，就一连借我用了一个多星期，直到有一天我买到了同样漂亮的圆珠笔，就觉得应该还给她了。我说："依凡，很不好意思，这支圆珠笔我用了太长的时候，现在才还给你。"

依凡说："这支圆珠笔我说好送给你的，你就不用还了。"

我挠了挠头，想不起依凡什么时候说过"送给我"的话，就说："没有啊。我已经买到新圆珠笔了。"

依凡不高兴了，脸上布满了阴云，皱着眉头说："郑苗，你是不是很讨厌我的圆珠笔啊？送出去的礼物，你还要退给我。"

我嗫嚅着，还想再解释一番。她却一甩头就转身走了。

怎么会这样呢？我还给她圆珠笔并没有错啊。我提不起勇气向她道歉，我们之间的友谊就这么僵化了，从那以后，在教室里，在走廊上，在学校的操场上遇到的时候，我们总是相互低着头擦肩而过。

其实，我是很希望和依凡和好的，可是我不知道该说什么才好。直到一个多月后，我十岁的生日，她托我的同桌给我捎来这张贺卡。

这张贺卡代表着我们之间友情的复苏，你说，它能不珍贵吗？

再见，我的姐妹们

舒　妮

不需要华丽的词语来修饰，不需要太多的言语来诠释，对你们，我只有一句话：我真的真的舍不得你们！

塘下镇中心小学，是我们共同成长的见证，是一本我们的纪念册，这里记录着我们的点点滴滴。

环绕操场，我有着甜甜的微笑。曾经我是一个极没体育细胞的人，每次考体育我都不及格，我知道自己的能力，所以苦笑着接受，结果，我的心思被你们看穿了，你们一起鼓励我，支持我，让我在想放弃的时候挺了过来。

食堂，于我，是充满快乐的地方。每次吃饭，我总会是最慢的一个，而你们吃完后，只是在一边催着我，说我吃相难看，还吃得那么慢，说要把我一个人留下吃，不等我了，可你们只是嘴上说着，还是等我一起才离开食堂的，不是吗？

教室里，是话语最多的地方。听，"喂，你写了没啊？""天呐！这是哪个人出的？"……这是同学们在抱怨作业多了，可是却没有一个人敢不做。每每出现这样的情况，次日一大早，就会有很多的身影出现在教室里狂补作业。还团结得连老师来了都要通报一声。

我们之间，分分合合，但是，六年级的我们长大了，不会再为一点儿小小的事生气了，为一个巴掌恼怒。就算常常撒娇地争吵了，可过后又黏着对方慢吞吞地走回家，这就是现在的我们。

快毕业了，我们之间的一言一语，一个小动作，又叫我怎么能忘怀？毕业，真的很不舍，毕竟我们一起相处了六年，不是吗？或许我们眼角都会挂着泪珠，但离别还是给彼此送上一个微笑吧！

"微笑着离开。"这怎么可能呢？也许……我们之间，多少次吵架，多少次……没有了你们在我耳边亲昵的声音"妮妮"，没有了你们撒娇的话语，我怎么能习惯呢？我真的舍不得你们，你们的音容笑貌都深深地印在了我的脑海里，又让我怎么能够忘记？

突然感到空气好压抑，泪水在眼眶里打转了，我知道，我们真的要说再见了。再见吧，我的姐妹们！

我懂了——友谊

毛朝磊

和志祥是一对很要好的朋友，我们每天肩搭肩，一起上学，一起回家，一起玩耍，都可以用"形影不离"来形容了！

一开始，也没觉得友谊是什么重要的东西，只是认为我们在一起是玩得来的伙伴、同学。然而那件事的发生，让我明白了友谊。

　　那天去上学，志祥熟悉的身影如时地出现了，我因为一时的好玩，便随口叫了一声"邵志便"——这是在学校同学给他取的"雅号"。他是最讨厌别人这么叫他的，可我还是开玩笑地叫了。

　　"你说什么！"志祥冲到我面前，很生气地说："你怎么也和他们一样，都是毛头小屁孩儿，竟也敢这个嚣张。"他的话里带着杀伤力，我听了也很不舒服，不管三七二十一，嘴里就冒出了一大堆的脏话："你这堆屎，还不滚到桶里，快撒泡尿照照你自己吧，我是……"我的话很快地惹恼了志祥，他反击："你酷你酷，喝水在水库，睡觉在古墓，别当你是个人物，其实你是南方土著……"

　　我们就这样你一句，我一句，吵了起来。如果不是因为要上课，说不定我们还打起来了。到了学校，这一天我和志祥就因为早上的"雅号"事件，谁也没有理谁，我们两个都像是被谁揍了似的，也没心情和同学玩，放学时志祥也没有等我，一个人便走了。

　　第二天，去学校时志祥也没有等我。一个人走在上学的路上，我想起了以前和志祥有说有笑的情景，突然，一种寂寞的感觉涌了上来，我就像少了一只手似的。想起了昨天吵架的情景，感到很内疚，我为什么要说那些话呢？

　　我要去向志祥道歉，我心里想着，可我却没有勇气，生怕他不会原谅我，又打消了道歉的想法。下了课，我来到走廊上，回想和志祥一起玩、一起学习的情景。我还是鼓起了勇气走到了志祥面前，"对不起！昨天……"没想到，我们两个人居然同时说了道歉的话。

　　就这样，我们相互道了歉，我们的感情，也就是——友谊，也更深了！经过这件事，我懂了——友谊。

友谊的名字叫宽容

郑冬梅

"你赔我，快赔我……"我冲着乐乐大声地嚷着，眼泪在眼眶里打着转。

同学们都拿惊讶的目光看着我，他们一定感到很奇怪，平常那么文静的我，今天怎么会这样呢？唉，我也不想这样啊，我借给乐乐的修正带可是我走了好几条街道才买到的，那可是我的宝贝啊，现在，被她给弄散架了。

乐乐是我最要好的朋友，我们每天一起上学，一起写作业，一起玩耍。可是因为今天这件事情，让我和乐乐之间的友谊出现了裂痕。

放学了，我背着书包走在回家的路上，因为乐乐没有跟我一起走，我感觉似乎少了些什么。路边的树叶在风中沙沙地响着，来来往往的车子扬起一阵阵灰尘，我百无聊赖地踢着路边的石子。

突然想起了今天在书上读到的一个阿拉伯的友情故事：当被一个朋友伤害时，要写在易忘的地方，风会负责抹去它；相反的，如果被帮助，我们要把它刻在心灵的深处，那里任何风都不能抹灭它。我感到后悔了，修正带再珍贵，能比得上友谊的珍贵吗？这么一件小事，我却把它刻在心灵的深处，还会有谁愿意当我的朋友呢？

正这么想着，我抬头看到乐乐在我的前面走着。她背着书包，走得很慢，也走得很孤单。看着她的背影，想起我们以前一起欢笑一起游戏的场景。我忍不住了，赶紧快跑几步追上她。

"乐乐，对不起。这件事情是我不对，我不该那么大声地责怪你，我们和好吧？"我红着脸，大声地说出我的歉意。

乐乐转过头来笑着，说："没关系的，这是我的错。我现在已经原谅你了，就等你来原谅我哦。"我高兴地拉起乐乐的手，友谊的温暖又回到我的心里了。

我明白了，友谊的名字叫作"宽容"，朋友之间的吵闹、争论都不是真正的错误，为什么总要把那些鸡毛蒜皮的小事放在心上呢？只要有了一颗宽容的心，才能找到真正的好朋友。

友情如花儿般纯真

051

黄仁义

花儿是土壤的娇儿，收尽天地之精华；鱼儿是流水的娇儿，守静幽谷之灵气；友情是心灵的娇儿，享遍宇宙之浇灌。世事都有始终，友情始终都有幸福的那一瞬间！

河水抚摸着江里的川鸭，清风吹拂着黑亮的秀发，你我就要分离，再见了，我的朋友，我会用最华丽的言语来记录你我的真情——友谊。

和风徐徐，太阳温暖地照着大地，阳光渐渐吻遍世界。我沉浸在其间，有一丝的不舍，一时的心动。我的朋友，走了过来，拍拍我的肩，说："再见了，朋友，我不会忘记你的，我永远会记得那一次，我与你一起在雨里倾诉的，我不会忘记。"她的一席话勾起了我的回忆。

那天，我没听妈妈的话没带雨具，因为我认为天气很好，没必要带雨伞。在学校里上了两节课，天公不作美啊，哗哗哗地下起了雨，我看着都着急。我可怎么回家啊！放学了，看着同学们各个渐渐离去的背影，我不禁泪潸潸，头涔涔了！正当我着急的时候，元於来了，她一看我的模样，就明白了我的处境，她向我姗姗走来，面带微笑。她笑着对我说："你怎么了？来，我们一起回家吧，不然，你淋雨回家会生病的，还怎么考试啊！"我望着她，心里不由得起了敬佩之情。我不好意思地说："咦，你怎么还不回家啊，天都快黑了。""你不也还没回嘛！""你不用担心我，我家人会来接我的，你看，天色已晚，你快回家吧！""你看，都这么晚了，你家人还没来，岂不是不来了嘛，我和你一起回吧。"我还没回答她，她就把我拉近雨帘中。面对着这顶小得可怜的伞，我的身体竟一点儿也没有湿，再看看元於，她身体的一半都浸在雨中，看着这般受苦的朋友，心中不由得涌上一股心酸，我心疼地说："把伞撑过去点儿吧，小心淋坏了……""没事，我没事，你可别淋坏了，我还要你这个朋友哪！"……

就这样，我们挨着到了分叉路口，我本想冲出去了，没想到，她把我拉了回来，激动地说："你怎么可以贸然冲出去呢？外面很冷的。"说玩，她便毫不犹豫地冲了出去，大声喊："我要回家了，你小心点儿+，明天见！"

繁花络绎，如梦逝，风吹花残留。

时间消逝，但珍藏在我心底的一切，我将他们小心地放在宝箱里，一一细数着，回忆着……它们就像糖葫芦的甜蜜一样，让我，不曾忘记过……

街头歌唱会

张申利

一走到街上，一阵阵的歌声就会涌进你的耳膜。

"哼哈"二将

一出门口，就看到两个奇怪的中年男子，从我家门前走过，嘴里哼着优美动听的歌声。我陶醉了，唱得真不错。这是谁啊？向旁人一打听，哦，原来他们就是大名鼎鼎的"哼哈"二将。魅力还真是大啊，一下子就吸引人许多人。

随后他们"哼"起了三重鸣曲，前奏听了使人身心清爽；中潮叫人不得不赞叹；后章叫人回味其中。我呆了，心想：哼哈二将竟有如此本领，难怪在《西游记》里，连孙悟空都拿他毫无办法。找他们要个签名吧，我匆匆忙忙拿来本子、笔时，他们已无踪影。

街头卡拉OK

现在的卡拉OK可真是遍地开花，让人眼花缭乱啊！看，在大街的那一头就有人搭起了一个台唱起了"卡拉OK"。

酸酸甜甜就是它

我拼命地挤过去，一阵阵惊人的音乐涌了上来，音乐跳动一下，我也跟着跳动一下，顿感"山崩地裂"。我的心脏都要跳出来了。台上的人还颇有感情地唱着。我想：什么时候也可以像他们一样"风光"一下呢？过了许久，他们唱完了，人们纷纷走开，他们一见，急了，拿起话筒："兄弟姐妹们，请给点儿钱吧，我……"人们反应过来了，纷纷地扔钱过去。我一惊，原来是卖唱的呀！

古典"老手"

虽然现在是高科技时代，但是也还有很多的"古老派"歌手哟，我的爷爷就是其中一员。

爷爷每天早上都要在街头公园里高唱京剧，公园旁边的居民们打着哈欠走到阳台，大喊："是谁在'杀猪'啊？大坏蛋，一大早就吵得人家睡不好！"爷爷听了："什么啊？你要蛋，可惜我不是卖蛋的，呵呵……""天啊！"那人一听，转身走回屋里了。爷爷又唱了起来，而且是"更上一层楼"哟！这下很多人都站出来大喊，爷爷一见这气势，逃之夭夭了，自我欣赏地说："不是唱得很好嘛，现在的人真是奇怪。"

瞧！这条街上总是人山人海，人声鼎沸，"音乐"不断，称为"音乐街"一点儿都不为过吧？

街头"运动会"

陈品灼

走在马路上，我亲眼看见了那些不文明的人开了一场别开生面的街头"运动会"。

一个小男孩儿一边走着一边啃着一个梨，走到路口，梨啃完了。看到不远处的一个垃圾桶，我以为他会走过去把梨核扔到垃圾桶里。谁知道他只是瞄准了一下那个垃圾桶，然后摆出一个投篮的姿势，脚尖轻轻一踮，就把梨核当成小型的篮球给投出去了。可惜，他的投篮技术不高，梨核掉下来，在地上滚了几圈，就躺着不动了。绿灯亮了，他头也不回地走了，不知道这个梨核会不会被某个路人踩到，造成麻烦呢？

一波未平一波又起。红灯再次亮起的时候，人们停住了脚步，静静地等待着。一个中学生模样的人骑着自行车，却不抬头看红灯，依旧加大脚踏板的力量，直冲过去。来来往往的汽车纷纷紧急刹车，"嗞——嗞——"的声音此起彼伏。而骑车的中学生完全不顾周围的汽车，用力地扭动车身，划出了漂亮的"S"形路线，得意扬扬地穿过十字路口，扬长而去。

骑车的中学生才刚走远不久，这边一位梳着杨梅头的年轻人就耐不住性子了。他想要横穿马路，不想走到十字路口从斑马线上通过，就在靠近栏杆的地方准备来一个跨栏。你看他先走到距离栏杆几步远的地方，甩甩手，然后往前冲几步，一抬腿就从栏杆上跨过去了。呀！多漂亮的一个跨栏啊！只可怜了在马路上来往的车子，一个急刹车，差一点儿就造成了追尾事件。

唉，街头是公共场所，真希望这些"运动员"们，不要在这里发挥他们的运动技能。

惊心动魄的一幕

戴豪辉

放学了，学校附近公路上的车子也逐渐少了，我背着书包走在回家的路上。

前面有几个低年级的小男生在路边玩"吓人"游戏。他们互相躲藏着，有的躲在大树后面，有的躲在电线杆后面，有的躲在路边停放着的汽车后面，然后互相靠近，突然跳出来吓对方一跳。我看到一个大眼睛男孩儿，走着猫步，慢慢靠近一个躲在大树后面的瘦小的男孩儿，突然来了一个跳跃，大喊一声："哇！"瘦小的男孩子被吓了一跳，恼羞成怒地跺脚喊着："还没开始呢！"

我们看他们玩得起劲儿，并逐步扩大战场，不禁在心中为他们捏了把汗。这里可是公路啊，车来车往的，要是被车撞了，可怎么办呀？

真是担心什么就来什么。我正为这几个低年级的小男生感到担心的时候，车祸真的发生了。

一个小男孩儿在一辆停着的汽车后面躲着，瘦小的男孩儿从后面慢慢地靠过去，突然往公路中间一跳，大喊一声："哇！"声音刚喊出口，接着想起的是刺耳的刹车声，"砰"的一声，一辆七座面包车撞到了瘦小男孩儿的身上。瘦小男孩儿扑倒在地，翻滚了三四米才停下来。我的心跳突然加速，仿佛心脏要跳出来。这……真的就出车祸了？

意外的是，那个小男儿孩翻了一个身，竟然站起来了，似乎没有受伤。他拍了拍裤子，膝盖上破了一个洞。

我捂着张大的嘴巴，停住了脚步。这……这事儿也太玄乎了吧，感觉像是在拍电影，这瘦小男孩儿难道开了外挂？

七座面包车上有人下来了，勘察车祸现场。我没有留下来看热闹，径自走回家去。

一直走到家里，我的心情还是难以平静。虽然那瘦小男孩儿在车祸中没有受到多大的伤害，但我希望他能够接受教训，并不是每一次灾难来临的时候，他都有这么幸运的机会。

路　过

戴乙杨

清晨，我跟着妈妈去菜市场。这里真嘈杂，声音四处沸腾，菜贩门笑脸相迎，大声吆喝着。新鲜的蔬菜整齐地摆放着，活跃的虾鱼不

酸酸甜甜就是它

安分地蹦跳着，让人看得眼花缭乱。大人、小孩儿，年轻的年老的从我身旁经过，我突然很有兴趣地观察起他们来。

一位满头银丝的老奶奶，手提菜篮子，穿着青布鞋的小脚，蹒跚地走在肉摊前，看了看，摇摇头。在这么多的步伐中，他走路的步伐看起来僵硬迟缓，停停走走，向每个摊位靠近，又离开。不小心踩在丢弃的菜叶上，轻轻地滑了一小步，一位路过的叔叔伸手及时扶住了她，我在心里暗暗为她捏了一把冷汗。

迎面而来的是一位四十多岁的农夫，他推着一辆大板车，车上装着沉甸甸的蔬菜。他弓着腰，一步一步艰难而小心翼翼地向前走去，速度时快时慢，豆大的汗水从他的脸旁流下，像珠子般滑落在地上。终于到达固定的摊位，他重重地吁了口气，拿起挂在脖子上的毛巾擦了把汗。为了自己的生活，为了他的子女，农夫的工作辛酸劳累，让我们不得不敬佩感叹。

妈妈买了菜拉着我走出菜场，阳光是那么的灿烂，照耀在每个人的脸上，暖洋洋的。街头的十字路口，两个少先队员轻快地迈着步伐，微风吹起了他们胸口的红领巾，像一朵绚丽盛开的花朵。人行道上的绿灯一闪一闪，他们飞快地走到老奶奶身旁，搀扶着老奶奶过马路。轻捷的步伐随着老奶奶晃晃悠悠的身子慢下来，每一步走得那么仔细，那么小心，仿佛他们的臂弯里挽着世界上最珍贵的宝贝。

街上还有一群学生，他们三三两两一起去上学，背着新式书包，生龙活虎地上蹿下跳，追追赶赶，几个调皮的还把路边不知谁丢弃的易拉罐踢向远方，掉在地上"当啷当啷"响。

生活是一个大舞台，出场的是形形色色的人，有迟暮的老人，有强壮的青年，有活泼的小孩儿……你又是哪一个呢？我们虽然只是路过人生这个舞台，它一定会让我们的生活更加绚丽多彩。

听那雨声

　　我喜欢听雨的声音，在静夜里，在路途车上，在伞下，在人家屋檐下……你听，细雨喁喁地低语，小雨叮叮咚咚地轻唱，大雨哗啦哗啦地起哄，急雨乒乒乓乓地奏乐。雨是大自然最平常的音乐，却也是最耐听的音乐，一年四季都有不同的变化。

我的"杀手"朋友

陈锦杰

我的这位小朋友其貌不扬，长得像一块岩石，三角形的头上，一双凸出的眼睛亮晶晶的，四只脚丫子看起来很柔软，脚趾里面爪子却很是锋利。它的胆子很小，每天穿戴着盔甲行动，一受到惊吓，就把头和四肢都缩到盔甲里去了。

读到这里，你一定笑了。这不是小乌龟吗？还说什么"杀手"！朋友，你可别小看这小乌龟的杀伤力哦。

这一天，妈妈从菜市场带回来几只活的青虾。这些青虾个头大，性子野，放到水盆里还活蹦乱跳的，很不安分。想到鱼缸里的这位朋友有点儿孤单，我就捞了几只青虾放进去跟它做伴。

按照我当时的想法：这些青虾这么粗鲁，胆小的乌龟见了一定会缩手缩脚，不敢靠近。

谁知这乌龟朋友平时表现得很胆小，一见到青虾在水里撒野，就显得特别兴奋。只见它手脚并用，快速地游了过去，还没等青虾反应过来，就被咬住了。乌龟咬住青虾之后，狠狠地甩了甩头，继续咬几口。这个时候青虾还在拼命挣扎，用它的两只大钳子攻击乌龟头。可能是大钳子有一定的杀伤力，乌龟急了，用上前爪一起帮忙，把青虾摁在地上狠狠地咬上几口，就连皮带肉地吞下去了，也不管它那小肚子会不会消化不良。

看着这血腥的一幕，越发觉得乌龟头两边的两条红色线，都带着杀气，凶残的样子真像大白鲨。这么"凶残"的小乌龟也称得上"杀手"了吧？

乌龟"通缉令"

王璐璇

自从我养了几只乌龟后，家里就没安宁过，它们总是和我玩捉迷藏游戏。这不，它们刚搬了新家，真奇怪，两个小时前，四只乌龟还在悠然自得地聊天呢，怎么一眨眼的工夫有只小乌龟就不见了呢！我又发布了"通缉令"，为了顺利追捕"逃犯"，我还向全家请求援助……

我一声令下，全家紧急出动，进行地毯式搜索。别看逃跑的那只小乌龟跑不快，但它那还没有我拇指大的身子，随便一躲，也够我们在它屁股后面，瞪大眼睛，找它大半天的。这时爷爷不耐烦了，他紧皱着眉头说："这只乌龟要是找不到，躲在哪个房间，时间长了，饿死了，整个房间可都要臭气冲天！"这下也把我给吓着了，想不到我心爱的小乌龟，威力能这么大。于是，我加快了搜寻速度。

好在天无绝人之路。妈妈忽然灵机一动，出了个好主意："再拿一只乌龟，把它放在地上，看看它会按什么路线走，说不定，能给我们提供大线索呢！"妈妈真聪明，我拍手叫好道。我赶紧把一只乌龟拿出来，仔细观察着它的一举一动。开始，它一动不动地停了几秒，

061

听那雨声

似乎有些害怕，但这家伙不到几分钟就得意起来了。只见它大摇大摆地向墙壁的方向爬去，一头撞了上去。令人疑惑不解的是，乌龟撞了南墙以后并不后悔，竟然沿着墙壁"大步流星地"爬了起来。

初步探得敌情后，妈妈小心翼翼地把它放回了盆中，学着大侦探的口吻说："依我看，乌龟很有可能有沿着墙壁爬的特性，那么那只失踪的小乌龟十有八九是顺着墙壁爬到你的房间去了。这回你可要好好表现了，睁大你鹰一般的眼睛。"妈妈一边说，一边不忘点点我的小鼻子。我对妈妈的一番见解佩服极了。

于是，我们小心翼翼地沿着墙壁来到我的房间，生怕惊动了那只小乌龟。"啊，快来看，好像是只小乌龟啊！"妈妈压低了声音把我们叫来。妈妈话音刚落，我就迫不及待地挤了进来。哇，还真是耶。好调皮的一只乌龟啊，想不到躲在角落里，瞧它那副狼狈不堪的样子，弄得灰头土脸，惹得我们全家哈哈大笑。

妈妈把它洗干净后又放回了盆中，顺利将小乌龟"捉拿归案"。我手舞足蹈地对妈妈说："妈妈，这次找乌龟，您可是功不可没啊！"

"哈哈，哈哈！"笑声传遍了整个房间……

你的一点一滴

俞欣悦

在这么一个微微变凉的秋日，我有了第三只仓鼠。看着他圆滚滚的身子，我的少女心一下子泛滥起来，就给它起了个名字——小糯团。

　　得到它可不容易，我可是对妈妈哀求了老半天才把它买下来的。也不知为什么，妈妈素不喜欢这些多毛的动物，总说上面有细菌。而我也是在内心做了一番斗争后才下定决心：因为这些小家伙不好伺候，之前的两只仓鼠，早在一年前玉殒香消了，它们陪伴我的日子都没有超过一个月。我心里惴惴不安，怕因为我的一时疏忽，又会伤害一个弱小的生命。

　　小糯团是只全身金黄的仓鼠，有着一双乌溜溜的黑色大眼睛，一眨一眨的，楚楚可怜。即便那小爪子，也是肉嘟嘟、粉嫩嫩的，完全是一副人畜无害的模样。

　　虽然它已在盒子里待了一个礼拜，也不知是怎么地，似乎还未适应，也许是空间太小的缘故吧，它总是常常爬到塑料盒子的盖头上啃咬一道道透气孔，泛黄的牙齿不知疼似的吱吱啃着。起先，我想它是长牙了，要磨牙，于是放了两根木头下去。可它连理也不理，依旧啃着盒子。这下，我不禁有了恻隐之心：它是不是想出去？可回想以前的两只仓鼠并没有这样的行为。哈哈，可能它好动吧。你想呀，它每天待在盒子里吃了睡，睡了吃，当它注意到透明盒子外的我们，窗外的鸟儿，随风摆动的树叶，总会好奇的吧。

　　于是，我给它换了一个大一点儿的盒子。但，该来的总要来的。

　　"啊！我的仓鼠呢？"一日，我发现盒子的盖子半开着，不由得惊呼起来。

　　我立即趴下身在，桌子底下，沙发底下，直到把整个客厅的地面都查看一遍后，也没有听到任何声音，寻到任何踪迹。此时，我有点儿沮丧地坐在沙发上，脑海和眼前不断闪现的是屋外野猫在追逐着一些瘦小的老鼠的那一幕幕场景。那些长期在野外生存的老鼠也许还可以逃过一劫，但小糯团是宠物鼠，在野猫凶狠无情的利爪下，毫无反抗能力。但如果它没碰到野猫，而逃到了公路上，我就不禁更加担心起来。想想以前在马路上看到的那些被汽车轮子直接碾压成饼、鲜血淋漓的小动物的尸骸，我不禁打了一个寒战。"悦悦啊，你的小糯团找到了啊！"爸爸在下楼拿东西时捉到了这只准备外出潜逃的小坏蛋。"我在二楼看到它了，在楼梯上呢！"说完爸爸便将手里装着小糯团的袋子递给了我。

我长舒了一口气，看了看手里的袋子，满脑子都是疑问：这只不过巴掌大的小仓鼠是怎么从四楼爬到二楼的？这么高，每一层阶梯都有八九厘米呢！而再看看这只刚刚探险回来的小仓鼠，它似乎比我还困惑：我是谁？我在哪儿？我刚刚不是好好地走着吗？这一章，终于在我的哈哈大笑中结束了。

小　鸡

余肖宸

放学回家，我发现家里增添了活泼可爱的小生命——小鸡。

它穿着一身豹纹的"衣服"，站在那很威武，羽毛毛茸茸的，活像一团棉花团，虽然它像一个有啤酒肚的老板，但动作还很敏捷，腾跳挪移速度很快。锋利的喙是它啄食的工具，也是格斗的利器，除了常用招式"啄一下"，它还会使用"九阴白骨爪"，心急的时候，还有压箱底的绝技"排山倒海"，真是一个非同凡响的武功高手，恐怕连大公鸡都要敬它三分。

说它武功高吧，可是它又是那么胆小，处处警惕着什么。别说是我来喂它吃食，就连远处有什么响动，它也立刻警觉起来，好像要对付随时会出现的敌人。只要它听到一点儿声音就摆好随时准备战斗的姿势，连一丝风吹草动也不放过，直到反复确认没有危险时，才放下悬着的心。

说它警惕吧，它要是放开性子，就是一个贪吃鬼和调皮鬼的结合体。每当到了吃饭的时候，它总是欢腾雀跃，用嘴巴啄食，用爪子刨食，直到饭盒里一点儿残渣也不剩。吃完饭，它就开始淘气了，扑腾着翅膀尖声叫唤，还常常使劲儿地把饭盒踩翻，一副没有吃饱的样子。可要是再给它添加点儿大米，它又不吃了，弄得大米撒了一地。

说它调皮捣蛋吧，它还会见风使舵，讨人欢心。每当它做了什么坏事或惹你生气了，你正憋着气要惩罚它的时候，它就会跑到你脚下，用身子蹭你的脚，叽叽地叫着，眼神里透露着可怜的样子。这个时候，你一定会觉得它是那么可爱，就不忍心责备它了。

它有时非常好斗，别说一群小鸡，连一只身形比它大好几倍的大公鸡它也敢斗一斗。有一次，一只小鸡跑过来挑衅我家小鸡，我家小鸡不慌不忙地使出了"啄一下"和"九阴白骨爪"的防身功夫，把它抓得遍体鳞伤，落荒而逃。战败的那只小鸡不甘心，又叫一只大公鸡来报仇，只见我家小鸡纵身一跃，在空中使出了"排山倒海"的绝技，把大公鸡的鸡冠给抓伤了，一直流血。这下可把大公鸡惹怒了，大公鸡使出了看家本领向小鸡扑去。还好我看到，连忙把大公鸡赶走了。小鸡真是后生可畏啊！

小鸡活泼可爱，给我家带来了许多乐趣。

油 菜 花

陈相潜

今年春天的时候，我阳台上的油菜花开了一大片，金黄的色彩引来蜜蜂蝴蝶翩翩起舞，那景色可美了。

三个月前，朋友送我一小袋油菜花种子，我就盘算着把自己的阳台打扮一番。

找出一个大花盆，从田里挖了许多肥沃的泥土填满花盆，然后在土里挖出许多个小坑，轻轻地把油菜花种子放到小坑里，再用松软的泥土把种子埋起来，就可以耐心地等待油菜花破土而出了。

那几天，我的心中充满着期待，每天早晨都提着洒水壶向油菜花道早安，尽管它还在泥土里安睡着。第五天的早晨，我看到鲜嫩的小芽从土里冒出来了，嫩绿的颜色十分养眼。它微微地舒展着身子，在空气中轻轻摇摆，似乎在庆祝自己的新生。看着这充满生机的嫩芽，我心中也满溢着快乐。

然而，养油菜花也不是那么容易的事情。一天傍晚，一场大雨肆虐了我的阳台。大雨过后，我去看油菜花，发现花盆中的泥土被冲掉了许多，小苗耷拉着叶子，无精打采。有些小苗的茎断了，有些小苗的根都露出来了，惨不忍睹。看到这一幕，我十分心痛，由于我经验不足，低估了大自然的威力。

经过一晚上的伤心，在第二天早晨，我重整旗鼓，把这些曾使我欢喜的小苗拔掉，补充了一些泥土，重新播下种子。

接下来的日子，我更加细心地照料着我的油菜花。风雨来的时候，我把它移到避风雨的角落；蜗牛爬上花盆，我会一个一个地清理干净；我还给油菜花们围了一道栅栏，生怕邻家的猫糟蹋了它。

油菜花慢慢长高了，到了开花的时节，我的阳台就是油菜花的世界。晚饭后，到阳台上看夕阳。吸一口带花香的空气，望一眼天边金红的夕阳，看一眼面前金黄的油菜花，我的心里也乐开了花。

凤 仙 花

陈俊翔

上科学课《观察植物》时，老师拿来很多凤仙花的种子，让同学们自己回去种，观察凤仙花的生长过程，如果种得好还可以写一篇观察日记呢！

凤仙花可是我最喜欢的花了，我从老师那里取来了五粒种子。回到家我就找了一个大的花盆，装了些泥土，用水浇湿，然后放入了凤仙花的种子，这样我的凤仙花就种好了，我把它放在了阳台上，一切准备就绪，就等着我的凤仙花发芽了。

五天后，凤仙花的种子发芽了冒出来了五个"小豆点"，可真好看呢？我给它稍稍地浇了一点点水，让它们有足够的水分生长。

过了两天，凤仙花冒出了两片豆瓣叶，绿绿的，圆圆的，而且茎的颜色还是嫩红色的，看上去十分可爱呢！记得老师曾和我们讲过，红色茎的凤仙花苗，到时候开的花就会是红色的。我真盼望它们能快些开花。用手轻轻地碰了一下凤仙花的豆瓣叶，软软的，我心想：它们的叶子这么软，居然可以钻出这厚厚的泥土，可真不简单呀！看来植物的力量还真是不可小看哟！

十天之后，小凤仙花已经长成幼苗了，大概五厘米高了，而且又冒出来了两片小小的叶子，看着凤仙花一天天地长大，我的心里可真高兴啊！这些凤仙花都长得很好，当然我也没有忘记每天给它们浇水的。

今天是凤仙花种下去了第十五天，来到凤仙花旁，还找来了一个尺子，给凤仙花量了一下，啊！又长高了不少，都有七厘米高了，其中的一棵又长出了一片小叶子呢。

看着凤仙花天天都在苗壮成长，我心里乐滋滋的。真希望我的凤仙花可以快点儿开花呀！

068

我家的水竹

夏朝威

在我的书桌上摆着一盆水竹，那是"六一"儿童节时，老爸送给我的礼物。

水竹以一副文静的姿态，在铺着鹅卵石的小盆里静静地立着。它下半部分是一节一节的竹子，身子细长。叶子很茂盛，远远看去，就是一团锦簇的绿色，靠着雪白的墙，特别显眼。其中一株的"腰"弯了，看起来像个伛偻着身子的老爷爷。

水竹买来的前几天，我可是精心地照料着它。只要盆里的水少了一点儿，我就会给它加满，并且用手指把它们的叶子梳理得很有序。然而随着期末考试的来临，作业的日渐加多，我忙碌于自己的学习，慢慢地就把照料水竹的事情抛到脑后了。

不知不觉，一个月过去了，期末考试已临近。今天是星期天，可我还是早早地起床做功课。朗读半个小时的课文，有点儿疲倦，正想着找本漫画书来放松放松，无意间瞥了一眼桌子旁边的水竹，我竟发现，养水竹的盆底居然会有一根又一根的白白的"长绳"。咦，那会是什么呀？我把头凑过去仔细一看，啊！是根，真的是根。我一个多月的"置之不理"，它竟可以长出根来？在缺水的情况下，它把根扎进鹅卵石的缝隙里汲取水分呢。

啊，水竹的生命力是多么的顽强呀！它不需要土壤、养料，只要一点点的水分，每天的阳光透过玻璃照射进来，就能完成光合作用，让自己生存下去，它这种坚强不屈的精神还真值得我学习呢。

怔怔地看着水竹，看着那一盆婀娜多姿、茎挺叶翠、颇有诗情画意的水竹盆景，我的心头突然涌起一股一股的力量。水竹尚且有顽强的生命力面对困境的挑战，我面对学习的压力，又怎么可以低头呢？

于是，我又埋头做功课。

听那雨声

孔雀尾

余 炜

叔叔送我一盆孔雀尾，我仔细一看，还真是名副其实，每一张叶片上都有椭圆形的斑纹，整张叶子极像孔雀的翎毛。

我把孔雀尾放在书桌上，每当做功课感到累的时候，一抬头看到这样鲜艳的颜色，心情就会放松许多。一次，同学到我家来玩，看到我桌上有这样一盆花草，不解地问："你这是塑料的吧，这年头还时兴把塑料花往桌上摆吗？"同学的误解让我诧异，我再次仔细观察孔雀尾，高约十厘米。茎上布满钻形鳞片，叶片两面都没有细毛，摸去很光滑、细腻，不仔细观察的话，还真会错以为叶片是塑料做的。

我摘了一张叶子，带到学校里给同学们看，大家都觉得很新奇。

可是这孔雀尾虽然有特色，有魅力，却是十分娇贵的，需要我的精心照料。有几天，我因为功课任务重，没有仔细翻看它的叶片，早上起来就发现它有点儿憔悴了，叶片上出现变色的斑纹，有被虫咬的痕迹。我想着买瓶杀虫剂，可是又怕在房间里留下异味。一位同学告诉我，找点儿香烟灰，用水泡了浇在泥土里，有能杀虫的。我照做了，虫咬的痕迹再也没有出现了。

这几天我又发现了一个奇事，孔雀尾一到黑夜，叶片就要合起来的，像含羞草一样，可是白天我用手摸它，它很坦然地接受我，没有半点儿害羞的样子。难道叶片就是它的眼皮，睡觉时是要合上？

现在，孔雀尾已经和我朝夕相处半年多了，它成了我生活中每天都要关注的朋友。

我喜欢拉面

郑博韩

我喜欢在早餐的时候吃拉面，这个习惯已经有五年了。

今天，我又来到兰州拉面馆，点了一碗牛肉拉面，然后站在一旁，静静地看面师傅制作拉面。

拉面师傅先把一大团的面团，放在木板上，揉了又揉，拉了又拉。最后看看拉面团已经比较结实了，就把面拉长。一开始的时候，面还是很粗的，那个时候还不能称之为"面条"。拉面师傅抓住面的两头，在空中甩了甩，又砸在木板上，发出"嘭——嘭——嘭——"的声音，如同一首乐曲开始之前的鼓点。接着拉面师傅把面团用手指叉开来，拉抻，又开来，再拉抻。这么几个动作过后，拉面师傅手中就出现了一大把细细的面条。面条拉得很均匀、柔软，一根一根，一条一条，仿佛有了生命，在拉面师傅的手指间舞蹈着。

这个时候，我的心中充满着疑惑。这面条如果被拉断了怎么办？难道重新揉成面团继续拉？我把心中的疑惑说了出来。拉面师傅笑了笑，说："学做拉面看起来简单，可要把面条拉得劲道，有嚼头，并不是很容易的事情呀。"哦，原来，小小的一碗拉面，也是需要不断学习，锻炼，最后才能成功的。

拉好了面条，放在沸水里烫一会儿，就用笊篱捞了上来。加上葱、蒜、香菜等调料。一碗香喷喷的拉面就端上来了。

吃着拉面，想着拉面师傅说的话。这看似简单的话语中，却蕴藏着大道理。

家乡的矮人松糕

张笑涵

072

说起温州小吃——矮人松糕，那可是远近闻名啊！你知道为什么叫"矮人松糕"吗？这和它的发明者的身高有关系哦。

那是20世纪40年代初，有个温州人叫谷进芳，他在鹿城区五马街口摆摊子制作松糕，他做的松糕配料很考究，制作过程也十分精细。矮人松糕用的是纯糯米，等糯米用水磨碾成细粉，再挑选猪臀尖的肥肉丁做佐料、拌以桂花和白糖，放在蒸笼里蒸熟了，再用刀切成一块一块的。现做现卖的矮人松糕，个头不是很大，但分量十足，深受大家的喜爱。由于谷师傅身材矮小，并且这一绝技在民间传承了下来，为了纪念他，大家就把这猪油糯米白糖糕称为"矮人松糕"。

奶奶是个"矮人松糕迷"，尤其是冬天的时候，她每天都是要吃上一小块松糕的。可惜她自己不会做，每天清晨要走一段路去市场买回来。松糕买回来的时候并不起眼，白白嫩嫩的外表，和普通的松糕没什么两样。奶奶在锅里添上水，放上竹子编织的小匾。我问奶奶：

"为什么不用铝匾啊？用竹匾不好洗，而且也容易坏。"奶奶说："虽然用铝匾很方便，可是蒸熟了以后，味道就差远了。"嘿，奶奶真不愧是"矮人松糕迷"，对松糕的吃法都有研究呢。

松糕新鲜出炉的时候，最吸引人的莫过于香味了，一股清凉的白糖香气，夹杂着淡淡的桂花香，让人闻一闻就要陶醉的。奶奶用小刀切成一小块一小块放在盘子里与大家分享。我总是心急得等不及拿筷子，用手抓了一块就咬，松软软的，甜蜜蜜的，酥软中带着甜味的感觉一直从嘴里往肚子里弥漫，最后扩散到全身，身体仿佛飞上了云端。松糕要趁热吃，如果凉了，味道就差了点儿。

说了这么多，大家一定口馋了吧，如果你来温州，千万不要错过尝一尝"矮人松糕"哦。

我最爱的小吃——热干面

李博文

说起中国的特色小吃可多了，有郧县的三合汤、三浆面；四川的龙抄手；陕西的肉夹馍、凉皮；贵州的米粉；山西的刀削面；南京的汤包；天津的狗不理……三天三夜也说不完，这些天南地北的小吃，有着浓郁的民族特色，不仅色、香、味令人称绝，还有美丽的传说呢。

要说我最爱的小吃还是我家乡的热干面。星期天的早晨，我拉着妈妈、邓姨三个人一起向面馆走去。啊！真香！还没进门，我就闻到

听那雨声

一股香气扑鼻而来。天啊！今天的人可真多呀！有活泼可爱的孩子，有身强力壮的中年人，还有白发苍苍的老人，男男女女几乎每张桌子上都坐满了，我们好不容易找了三个空位，妈妈向老板要了三份热干面。

我是忍不住闲坐在桌旁等的，就跑到厨师跟前看煮面，只见，厨师把涂有油的特制的黄色粗面条往沸腾的水里一丢，煮了三四分钟，看到面条浮出水面时，就用筷子把面捞起来，平均地装进三个碗里面，再把每一个碗里放了些黄褐色的芝麻糊，绿色的葱花，黄色的榨菜丁，白色的醋，然后，送到我们面前，我用筷子搅拌了一下，一股香味扑鼻而来，还没抄均匀，我就迫不及待地吃了一口，深深地吸了一口气，啊！香，真香啊！

我狼吞虎咽地吃起来，真是越吃越香，吃到榨菜丁时，有点儿咸，我喝了一口服务员给我盛来的稀饭，更有一股香味顺着我的喉咙，慢慢地沁入我的肚中。我边吃边喝着稀饭，嘴里香气四溢，此时，恨不得不嚼，一口气把这一碗香喷喷的面连带着碗全吞进肚子里。

不一会儿，一大碗热干面就全被我消灭了，看到碗底还有芝麻糊，我又把稀饭倒进去用筷子搅了搅，几口又把它喝掉了，若不是肚皮涨得圆圆的，我真想再叫一碗来，吃它个痛快。我抬起头来，看看别人，有的张开狮子般的大口吃得津津有味，有的慢慢地品尝体会其中的香味呢……

我站起来，拍拍肚皮，不禁说道："真好吃，我下一次还要来吃。"当我们走出店门的时候，又有许多人陆续进来了。

我吃烤鱿鱼

陈格尔

同学从青岛旅游回来，说起青岛的特色小吃——烤鱿鱼，非常美味，色香味俱全。说得我直流口水，却一直没有缘分到青岛去旅游。这一天，听说城西开了一家"青岛特色小吃店"，就赶紧拉着妈妈跑一趟。

到了店里，我连菜谱都没看，就冲着服务员嚷着："烤鱿鱼来一盘，要快！"看着服务员走远了，我还不放心，跟着到了烧烤处，看鱿鱼是怎么烤出来的。

红红的炭火在无声地燃烧着，一个个刷洗干净的小鱿鱼被竹签串着，放在炭火上翻来覆去地烤着，刚开始还发出"滋滋"的声音，冒起一股水气。烧烤师傅麻利地在鱿鱼上刷着调料，白色的鱿鱼被翻过来翻过去地刷着，慢慢地变了颜色，先是变成淡黄色，黄中透着一点儿红晕，最后在炭火的烘烤下变成了梨黄色。这个时候，鱿鱼发出了一股被烤熟了的香味。一闻到这股香味，口水都快流下来了。

鱿鱼烤好了，放在盘子上。我不等服务员端上桌子，就直接伸手抢一块，我的喉咙早就不争气地开始吞口水了，也顾不上妈妈嘲笑我是"小馋虫"。鱿鱼塞进嘴巴，一股特别的鱼香味充满了口腔，使劲儿地嚼上几下，觉得味道很嫩，可是却不容易嚼烂，大概这就是那位同学说的"有嚼头"吧。

"好吃吗？"妈妈看到我大快朵颐的样子，拿着纸巾指着我嘴角的口水，提醒我注意"风度"。

"嗯……好吃。"我口齿不清地回答道。因为味道太好了，我快要把自己的舌头都嚼掉了。

那一次，我整整吃掉了十串烤鱿鱼，最后还是妈妈用"吃多了上火"的理由阻止了我。

我爱吃烤鱿鱼，尤其是"青岛牌"的哦！

找　春　天

舒鑫婷

076

天气变暖了，大地退去了严寒，春姑娘如约地来到了大地。姐姐兴奋地要带着我去寻找春天的足迹，一迈出家门我就感受到了春天的气息。

我们来到了小河边，看到一排排的柳树在春风里飞舞着，它们挺直腰，抬起头，将它们那长长的辫子甩到了脚后。在细长的柳枝上，一条条新的枝条又抽了出来，枝条上吐出的一片片嫩绿的叶子，就像一个个尖尖的小脑袋，在打量着这个全新的世界。记得人们曾说：柳树的嫩芽就是柳树的眼睛。难怪它们看着外面的世界，都那么好奇呢！它们大概是要把春天的美景都看个够吧。

坐到柳树旁的草丛中。小草露出淡绿色的脑袋，细细地看着它们，才发现它们姿态不一：有的用尖尖的脑袋钻出泥土，凝视着远方，看着春姑娘给大地带来的色彩；有的弯下腰，像是在给大地鞠躬，感谢大地让它来到了这色彩缤纷的世界；有的小草面对面，互相交流着，像是讨论着它们是怎么来到这个世界的。春天的小草就是多姿多彩的，春天让它们来到了大地，而大地有了绿色，春天也更增加了一份绿的色彩。

"万绿丛中一点红。"这句话用来形容刚刚从草丛中冒出来的一朵朵红色迎春花最合适不过了，此时的它们就是草丛的笑容。走近一看，它们娇嫩的花瓣向人们展示着它们的艳丽，鹅黄色的笑脸，还有些害羞呢！

我们找到了春天的足迹了，她在柳树上，在草地上，在迎春花的笑脸里……

"叽叽——喳喳——"天空中飞过几只小鸟，它们正为春天的到来而欢欣鼓舞。原来，春天的足迹还在鸟儿的歌声中呢！

啊！春天真是太美了，它带给我们美好，带给我们生机勃勃的气息。我不由自主地赞叹道："我爱你，美丽的春天！"

夏　天

王东乐

伴随着蝉的鸣叫，荷花的别样红，莲叶的格外绿，夏天来了。

火辣辣的太阳挂在天空，毫不保留地把她的热情放纵于大地。

听那雨声

站在树荫下望去，广袤的大地被阳光涂上了一层金黄的暖色。夏风吹来，掀起一阵热浪，也掀起清清河中小孩儿欢笑的脸颊，偶尔碎碎的阳光也会不经意洒落在清凉的树荫下，引起一段阳光的升腾。此时，树下自然也少不了乘凉的人，说说笑笑，谈这家讲那家，勤劳的人们会一边乘凉一边干点儿手工活……夏天的时光在悠闲中慢慢地流淌着，直到天边上升起五颜六色的火烧云，人们才慢慢离开。

夏夜的星空，是四季中最迷人的。天空浩瀚而幽迷，繁星闪闪点缀其中，尽情地绽放出属于它们的微弱之光，微红、银白、闪蓝、淡黄，似乎没规则地排布，但冥冥中又有规律。看，如骄傲的孔雀，如飞翔的天马，如装满东西的葫芦……夏夜的星空宛若天边无际的画卷，勾起人们的奇妙想象，点亮可装饰的天空。我猜，星星如果不是上帝随意撒落的棋子就是上帝顽皮的萤火虫，否则怎么会如此引人入胜呢？

夏天是一个诗意的季节，或红艳或纯白的荷花点缀在墨绿的莲叶上，随风摇曳，婀娜多姿。细心的你或许能看到晶莹的露珠在叶上打转，在阳光下发出耀眼的光芒，又似珍珠惹人怜爱。站在池塘边往远处看，白色莲花就像脱尘的凌波仙子的清新不俗，红色荷花像是集万千宠爱于一身的妃子的嫣然一笑，菡萏娇嫩，惹人怜惜。正如"荷叶五寸荷花娇，贴波不碍画船摇"。夏雨有时也会不期而至，滂沱大雨涤荡天地，来势汹汹，犹如白瀑挂于乾坤，洗涤万物。一池的荷叶荷花在风雨中活泼地舞蹈着。凭窗眺望，山色空蒙，远景深迷，此背景下的荷塘不正应入画吗？

我爱夏，爱她的一切。

听，那雨声

金万炎

　　我喜欢听雨的声音，在静夜里，在路途车上，在伞下，在人家屋檐下……你听，细雨喁喁地低语，小雨叮叮咚咚地轻唱，大雨哗啦哗啦地起哄，急雨乒乒乓乓地奏乐。雨是大自然最平常的音乐，却也是最耐听的音乐，一年四季都有不同的变化。

　　春雨如丝，很细，很柔，你听，沙沙地落在草地上，落在河面上，激起一个个小圆圈。草叶子很绿，各种花儿都开放了。春雨给大地万物带来了生机。我喜欢在深夜里听春雨，白天里车声人声太嘈杂，听不真切，只有在夜深人静、万籁俱寂的时候，才能领略到听春雨的妙处。雨丝细细地、柔柔地抚摸着屋顶，抚摸着窗户，抚摸着院子里的花草，像是母亲的手轻轻地抚过我的发丝，好一首温馨的小夜曲！你听，"沙沙，沙沙……"多么和谐、多么美妙的声音。深夜里，听着这声音，白天的心事，一日来的烦恼，全在耳畔这一片雨的音乐中消失无踪了。春雨很细的声音，在夜里却可以听得很清楚。静静地用心听着，我仿佛感觉到花坛里的花草在酝酿生机，冬眠的青蛙已经睡醒了，而蚯蚓早已不辞辛劳，开始努力地工作了。

　　夏天的雨总是很急，来得快，去得也快。我听夏雨的声音总是在人家的屋檐下。夏天的气候变化无常，刚才还是晴空万里，忽然起一阵大风，刮来满天的乌云，豆大的雨点儿就落了。像是有千军万马被一支无形的指挥棒指挥着，从远而近，齐刷刷地迈着脚步过来了。那速度极快，我前脚刚迈上台阶，它后脚就降临了。这时候，所有路上的车声人声都静了，仿佛人们都停下了脚步，听大自然为我们奏一曲雨的交响乐。我满耳朵里都是大雨铿锵嘹亮的乐章。雨点猛烈地敲打着瓦片，敲打着水泥路面，敲打着人家门前的帆布篷，动人心弦。

冬天的雨不大，但是很冷，或许是雨中总是伴着西北风吧。我听冬雨，常常是在雨伞下。灰色的天空，阴雨连绵的冬晨，路上的行人不多，我背着书包打着伞去上学。雨点连续敲打着伞布，"砰砰"地响，道路两旁隔不远的地方就有一间小吃店，门都是半开着，可以看见里面腾腾的热气和明晃晃的灯光。偶尔一阵风过来，带着潮味的冷气直往脖子袖口里钻，让我连忙缩手缩颈。不时有一辆车呼啸而过，溅起老高的泥水，让人一不小心就弄脏了衣裤。听冬雨的味道是不好的，但想着到了学校，教室里的温暖，同学们游戏时的欢笑声，心情也就不由得快乐起来了。

落 日 的 美

陈力翔

今天，我在青山上看了落日的美。

一开始，太阳还是一个大火球一样悬挂在高空中，那刺眼的光芒照得我睁不开眼睛。我们在草地上搭起凉棚，正等待着太阳下山那一刻美景的到来。而太阳呢？还是那副懒洋洋的样子，仿佛在说："嘿！那个帅小伙，你是来看我和月亮换班的吗？"

我静静地等待着，感觉山风越来越凉爽了。这个时候，太阳也收敛了它的威力，挪动着那巨大的身躯慢慢地向下沉去。它的光芒变得柔和起来了，光线洒落在山顶的湖面上，水面上就有了一闪一闪的波纹，像是浮着一大片金色的鳞片。

不知不觉间，太阳的半个身躯都沉进了崇山峻岭的背影里了。它已经完全收起了它的光线，像一个害羞的小孩子腼腆地笑着，又像一个巨大的西红柿，那么娇嫩，那么可人。天边的云彩也变得红彤彤的，这红色的温暖的光线笼罩着我，给我一种梦幻般的温馨感。多么漂亮的色彩啊，如果我剪裁一段红霞，为妈妈编织一条项链，她一定会开心得不得了。

正在我想着的时候，太阳已经在山的那边隐没了。就好像一个活泼的孩子刚刚演出一场精彩的光影戏剧，就迫不及待地要谢幕了。而天边的那一段红霞，依旧是红得那么精彩。

夜拉开了序幕，明月已经在天边出现，趁着太阳的余晖，我们也踏上了归程。

玉龙雪山

王瑞宇

玉龙雪山是纳西族及丽江各民族心目中一座神圣的山，传说纳西族的保护神"三朵"就是玉龙雪山的化身，今天有幸游览了玉龙雪山，我的心中只留下"名不虚传"这个词。

玉龙雪山海拔五千多米，远远望去，像个巨人似的时隐时现在云雾之间。让人不禁对它产生了一丝丝敬畏。站在山脚往上望，我看到一排排纯青的松树，它们仿佛是一把把翠绿而又永青的大伞，在蓝天白雪的背景下，这一抹抹绿色为玉龙雪上增添上一份活力。

坐在缆车上，随着索道的滑动，缆车一点点地向上移。四周白茫茫一片，眼睛找不到关注的焦点，感觉自己就如同上了天梯的神仙，正在享受腾云驾雾的飞翔感觉。等到眼睛适应了这种雪白的颜色，大胆地向四周观望，这才看清楚了几座三角形状和手指形状的雪山，雪山上的水都结冰了，洁白一片。这时候竟然有雪花飘到车上，让我忍不住想伸出手去抓住雪花。天气陡然冷了下来，我穿着厚厚的羽绒服，都忍不住要哆嗦几下。

到了云杉坪，用力地跺了跺脚，这才开始欣赏周围美丽的风景。只见玉龙雪山高耸入云，在阳光的照耀下，群峰晶莹耀眼。玉龙雪山主峰扇子陡，像一把白绫折扇展开在那里，又像一片白贝壳，在碧天白云中闪闪发光。在扇子陡的正下方，有一条冰川如同一条瀑布从天而降，令人震撼不已。

半山腰，一朵朵白云飘来飘去，显得非常悠闲；一片片雪花在风中飘舞，那是仙女洒下的花瓣；一棵棵枯老的树木在静静地站立着，似乎在沉思着什么……

多么美丽的玉龙雪山啊，让我如此着迷。

黄　　山

项羽奔

"五岳归来不看山，黄山归来不看岳。"相信去过黄山的人都应该听说过"黄山四绝"吧！现在，就由我来向大家一一介绍。

一绝：奇松

黄山是中国十大风景名胜之一，而黄山的松树是最值得一提的，而"奇"字就成了黄山松树最大的特点。黄山的松树姿态万千，它们都生长在海拔一千六百米的高山之上，品种繁多，有迎客松、卧龙松、黑虎松、麒麟松、蒲团松等。而迎客松和送客松是众多松树当中最具有人情味的两种，那迎客松伴随着游客游览完黄山；而送客松与迎客松刚好相反，而是送走依依不舍的游客，多么神奇的树种啊！

二绝：怪石

黄山的怪石是大自然留下来的杰作，它们一个个姿态万千，惟妙惟肖。有的像人，有的像猴，有的像骆驼，有的像狮子……多么神奇的雕刻，大自然就像是一个天生的雕刻家，一件件生动自然的艺术品怎能不叫人啧啧称奇呢？

三绝：云海

随着缆车不断升高，幸运的人们可能会发现一层薄雾笼罩在黄山上面，这就是黄山上最著名的"云海"了。黄山一年之中有云雾的天气达二百多天，而且云来雾去，变化莫测，时而是风平浪静的一片汪洋，时面波涛汹涌，白浪排空。这时的黄山在云海的环绕之下，已经变得若隐若现了，它就像是给黄山蒙上的那一层白纱，给游客的视觉增加许多的美感。

四绝：温泉

在一番游览之后，最美的莫过于去泡一下黄山的温泉了。黄山温泉也有自己的特点，导游阿姨告诉我们，温泉的水温为四十二摄氏度，久旱不涸，流量稳定，每小时平均涌水约四十八吨；水质透明，无色无嗅，其味甘美，可饮可浴。来黄山游览的人，大都愿意在温泉浴池洗个澡。历史上许多文人如李白、贾岛、徐霞客、石涛等人，都曾在黄山温泉沐浴，并留下了大量赞美的诗文。其中我最喜欢诗人贾岛在《纪温泉》中的一句诗：一濯三沐发，六凿还希夷。说是黄山温泉有使白发变黑的神效呢。

猴子的尾巴

　　小猴子想了想，说："刚才你抓住我的尾巴的时候，我突然想到，要是尾巴也像四肢一样有劲，可以钩在树枝上倒挂，那么我就不会摔下去了。"

　　其他猴子都认为他异想天开，尾巴怎么能像手脚一样有劲呢？

　　回到家里，小猴子对妈妈说了自己的想法，妈妈没有埋怨他胡思乱想，反而开导他说："你可以试试嘛，光想不做，谁能知道是对还是错呢？"

春游珍珠泉

高　善

学校组织春游珍珠泉，同学们都高兴得欢呼雀跃！

汽车到达目的地，首先映入眼帘的是两只大风筝。一只是在翩翩起舞的凤凰，一只是张牙舞爪的巨龙，它们正在用自己独特的方式欢迎我们的到来。

走过一片绿油油的草地，就看到珍珠泉了。

珍珠泉清澈见底，泉底是用石头堆成的，上面长满了青苔和水草。珍珠泉静得像一面镜子，偶尔会有一些鱼撒欢似的溅起水花，荡起了小圆晕。不时地，会有一些古老的竹筏轻轻滑过，水面很快就恢复了平静，几乎不留一点儿痕迹。泉水深处，鱼虾成群。鱼儿有些前后追逐，好像在比赛谁游得快；有的聚在一起，又突然四散游走，消失得无影无踪，好像在玩捉迷藏；有的静静地在水中停留着，似乎在思考着一个很深奥的问题……

我仔细观察了好一阵子，居然连一颗珍珠也没看到。我正在纳闷着，突然一个声音在人群中传开来：大家一起拍手就能看见珍珠。这讯息一传十，十传百，同学们都知道了。于是我们在旁边齐声拍手，掌声哗啦啦地响起。果然，"珍珠"现身了！原来，珍珠就是小水泡，只见从水底冒出来的泡泡晶莹剔透，有的大，有的小，一串串气泡连在一起，就好似冰糖葫芦，又似一个个升空的氢气球。我这时才恍然大悟，原来这些传说中的"珍珠"就是这些精灵似的气泡啊！

珍珠泉旁边有几座连绵起伏的小山。走到山上，可以看到里面有许多生长了几百年的古树，每棵树上几乎都有好几个鸟巢，到处都可以听到鸟儿在齐声歌唱。空气中，有一股令人心旷神怡的芳香，循着花香寻去，看到许多鲜花连成一片，数也数不清，简直就是一场百花盛会。牡丹、迎春花、桃花，争艳开放，黄的似金，蓝的似天，红的似火……花儿开满了整个山坡，在路边的长椅上坐着，闻着淡淡的花香，沐浴着阳光，真是人生的一大享受啊！

登上山顶，珍珠泉的景色大半收在眼底，真美啊！

我爱你，珍珠泉！

秋天的得胜河

赵姝娅

午饭过后，爸爸妈妈带着我去得胜河边寻找秋天。一路上，迎面扑来一股浓郁的金色气息。路边的一棵棵槐树，高大而又挺拔，我走近它，仰起头，看到槐树苍劲的树干上布满了纹路，密密麻麻的枝丫上已没有一片树叶，只剩下一串串金黄色豆荚状的果实，一阵微风拂过，不禁发出一阵"沙沙"的声音，像是它们正在彼此诉说着秋天的故事呢！树下小草的草尖儿也变黄了，只剩下根部还隐隐约约透着一丝绿色。草丛中的狗尾巴草兴奋地摇着毛茸茸的脑袋，向我们炫耀它刚染的金发……

　　我来到得胜河边，轻轻踏上小木桥，木板发出"嘎吱、嘎吱"的声音，我缓缓地向前走着，凉爽的秋风抚摸着我的脸颊，河水打着皱儿从桥下流过，河面的浮萍不停地被冲散，再合拢。站在小桥中间向远处眺望，得胜河全景一览无余。两岸的野草呈现出一片片金红色，根根直立，风吹草动，这片"草海"竟泛起红色的浪，并发出"哗啦哗啦"的声音。远处的河畔上，一大片芦苇犹如一群婀娜多姿的女子，在风中翩翩起舞。风中，芦花漫天飞舞，如同瑞雪天降，又似天女散花，纷纷扬扬，最后又极其轻柔地在风中隐去……啊，芦苇总是能带给人一种温馨优雅的美感。

　　越过小桥，沿着河岸继续前行，一大片田野展现在眼前。首先映入眼帘的便是那块白菜地，大片金黄中唯独这块新绿特别抢眼。白菜像一个个小娃娃，扎着一头绿色的小辫儿，神气活现地四处张望。紧挨着菜地的是稻田，稻子成熟了，一个个像是害羞的姑娘，弯着腰，低着头，羞涩地笑着。那金黄色，是喜悦；那沉甸甸，是丰收。有些稻田已经收割，田里一茬一茬的稻桩整齐地排列着，韵律十足，我仿佛又看到了农民伯伯忙碌的身影。槐树、小草，小桥、流水，河畔、田园……竟在不经意间勾勒出一幅美妙绝伦的秋日画卷。

上海孙中山故居考察记

蓝世馨

周日下午，我来到了坐落在幽静香山路上的孙中山故居。这是一幢别具特色的欧洲乡村式样的洋房，它是我国伟大的民主革命先行者孙中山和宋庆龄1918年至1925年间在上海的住所。从建筑物的外表看就能使人们感受上海本地与西洋建筑文化相结合的历史发展脉搏，可作为近代史上上海建筑的样板之一。

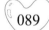

孙中山在这里，潜心研究革命理论，酝酿了第一次国共合作，向中国人民发出了和平统一祖国的号召。他领导了中国人民推翻了帝制，建立共和制。他执着地追求真理，振兴中华。

孙中山故居是一座融合中、西方建筑特点的两层砖木楼房结构，其主体建筑是1892年由孙中山的大哥孙眉出资、孙中山主持修建的。往里面走就是一个厅堂，上面悬挂着孙中山先生的照片，再往里就是孙中山先生的卧房，里面摆设着孙中山先生早年起居生活的陈列品、大床、蚊帐、瓷枕、座椅等。楼房后面有大厨房，厨房隔壁为浴室，里面有一只大浴缸。穿过中山故居，就到了中山时期的民俗陈列馆，这里展示着当地人的生活习俗。摆放着当时各个节日的食物以及供品和传统民间习俗所具备的各种物品。穿过陈列馆，我们就到了百草堂，这里是孙中山先生早年行医的地方，里面摆放着中国古典抽屉式的药柜，看上去就和电视剧里中药铺的样子一模一样。

通过参观孙中山故居，我不但接受了教育，还发现国家对该建筑物的保护是花了大力气的。所以，我想：上海在飞速发展和建设的同时，也要保护好那些曾经代表和见证过上海的老建筑。

别具一格的沧浪亭

高 莹

沧浪亭别具一格，它荟萃了苏州诸园林的风格，它的精巧建筑吸引了许多中外游客。今天，我来到这个历史名园游览。

走过沧浪亭门前的曲桥便进入了园门，园内小草丝丝翠绿，嫩柳依依鹅黄。沧浪亭中的假山真妙，它分为东西两部，构造各不相同。东部山径小道曲折高低，上设桥梁，下有溪谷，引人入胜；西部湖石堆砌，玲珑剔透。山下地势陡峻，岸上立有一块大石，雕刻着"流玉"两字。在此处往下看，大有如临深渊的感觉。

春风吹皱了河水，春光牵动着我的心。我又来到回廊。回廊曲折不平，廊壁花窗多扇，图案精美，样式各异，精细的制作给人一种安静、悠闲的感觉。望着这花窗，我不禁惊叹，古代能工巧匠们的建筑技艺太高超了！穿过回廊沿假山小径上行，便是沧浪亭。亭子方形，建筑古朴，上面刻着清代俞樾手书的"沧浪亭"匾额。亭处假山东首，四面古木森森，藤萝蔓挂。箬竹遍山生长，把山石都挂满了，更显得山色天然。到此地，仿佛进入了深山幽谷之中，感觉非常清爽。亭上还刻有楹联"清风明月本无价，近水远山皆有情"，真是耐人寻味！

明月堂是此园最大的一所建筑物，在假山古木的掩映中显示出庄严、静穆的气概。在明月堂西首为一长五间的画廊形建筑，院前种有桂花丛，境界幽静。我不禁想到：要是到八月桂花开放的时候，这儿一定会更美。我望着桂树，仿佛看到了桂花开放、蜂蝶萦绕。我又不禁想到：人们在建筑沧浪亭时就把对桂花的喜爱寄托在奇妙的建筑之中了吧！你瞧，正如木牌上所刻的"丹桂吐蕊"，满院飘香，使人流连忘返。

一阵赞叹声把我引进看山楼，楼处沧浪亭全园最南部，建筑在一座假山洞顶上，高旷清爽，结构精巧。登上楼，从窗洞中环顾沧浪亭，密林广厦，如同置身深山丛林之中。

看山楼下有两间石屋，中置石凳，暑夏纳凉休息，极为适宜。看山楼北面三间绿窗环围，前后掩映竹、柏、芭蕉，与沧浪亭的古朴、幽雅相映，真是树中有亭，亭旁镶绿，层层叠叠，叫人心旷神怡。可惜，我不是诗人，不然我一定会诗兴大发的。

在我的心目中，沧浪亭不但是一个别具一格的游览胜地，也是孩子们的乐园，它的一山一水、一楼一阁都使我流连忘返。

危 急 时 刻

余彦成

秋天的一个清晨，象妈妈带着小象去散步。走着走着，小象觉得

猴子的尾巴

鼻子痒痒的，很不舒服。小象说："妈妈，我的鼻子好干啊！"象妈妈说："前面有一个大湖，你过去吸点儿水吧。""好嘞！"小象最高兴吸水玩儿了，一听说前面有大湖，就活蹦乱跳地朝前冲去。

大湖里，一只鳄鱼早早地就埋伏在那儿了，他在等待着猎物出现。看到一只小象跑过来，他可高兴了，这下子可有新鲜的肉吃了。可是这只象个子这么大，整个儿可吃不完，只能先咬上几口再说。嗯，我就咬他那长长的鼻子吧，鼻子没有骨头，咬起来特有嚼劲。

小象跑到湖边，还没有来得及伸出鼻子去吸水，就听到哗啦一声，水花四溅，一只凶恶的鳄鱼出现了。小象吓呆了，愣愣地站着不知道躲避。鳄鱼张开凶残的大嘴朝着小象的鼻子咬去。就在这万分危急的时刻，象妈妈冲到了湖边，她狠狠地一甩鼻子，就用自己的鼻子堵住了鳄鱼的嗓子眼儿。

鳄鱼咬住了大象的鼻子，使劲儿地往回拉，要把大象拉到湖里去。大象忍着痛，甩着鼻子，要把鳄鱼甩开。两人就那么僵持着，你拉过来，我拉过去，像一场拔河，一时之间还分不出胜负。

小象害怕地哭了，大声喊着："妈妈，妈妈……"可是他只能干着急，不知如何是好。

象妈妈听着小象的哭声，十分揪心，突然感到鼻子有点儿痒，不禁打了个喷嚏，"阿嚏——"

鳄鱼赶紧松开了嘴，眨巴着眼睛退到湖里去了。一边后退一边自言自语地说："真不幸运，这感冒不会传染给我吧——阿嚏……"

猴子的尾巴

邵文健

茂密的森林里来了一只凶恶的老虎，它无恶不作。于是小动物们开始苦练逃生的本领，穿山甲学会了钻洞，刺猬用锋利的刺对付老虎的牙齿，猴子学会了爬树。

这一天，小猴子正在树下玩耍，突然一阵风刮过，凶恶的老虎出现了。老虎张开了血盆大口，准备攻击。猴子们纷纷往树上爬。老虎扑到树下的时候，猴子们都到树上了。一只小猴子慌得手忙脚乱，一只手抓空，站立不稳，身子往地上摔去，眼看就要落入虎口。幸亏老猴子眼疾手快抓住了他的尾巴，小猴子这才幸免于难。

老猴子对惊慌未定的小猴子说："面对强大的敌人要学会镇定，像你这么毛躁行事，早晚要出事的。"

小猴子想了想，说："刚才你抓住我的尾巴的时候，我突然想到，要是尾巴也像四肢一样有劲儿，可以钩在树枝上倒挂，那么我就不会摔下去了。"

其他猴子都认为他异想天开，尾巴怎么能像手脚一样有劲呢？

回到家里，小猴子对妈妈说了自己的想法，妈妈没有埋怨他胡思乱想，反而开导他说："你可以试试嘛，光想不做，谁能知道是对还是错呢？"

有了妈妈的鼓励，小猴子决心每天都练习尾巴倒挂的本领。

练习尾巴可不是一件容易的事，不说尾巴没有四肢那么大的力气，就是尾巴上的皮毛也比手脚薄得多，小猴子练了几天就皮破血流了。小猴子想放弃了，妈妈说："你知道'功亏一篑'的道理吗？只有坚持不懈，才能有好的结果的。"

这一天，小猴子正用尾巴在树枝上倒挂着。

羚羊看着，觉得奇怪，问："小猴子，你在干什么啊？"

小猴子回答："我在练习用尾巴倒挂的本领。"

羚羊说："你用后脚不是照样可以倒挂嘛，用尾巴倒挂不是自找苦吃。"

小猴子没有回答，他想：老猴子都不理解他的想法，羚羊怎么会理解呢？

日子一天一天过去，小猴子终于把尾巴练得很粗壮，能稳稳地倒挂在树枝上采果子了。可他还不满足，练习着用尾巴钩着树枝从这棵树荡到那棵树。为了练这个高难度的动作，小猴子没少摔跤，把屁股都摔得红红的。

现在我们看到的猴子都是红屁股，那是锻炼尾巴时摔的，不过猴子的尾巴是越练越灵活了，甚至超过了四肢。

神奇的魔法

杨晓易

夜深了，月亮高挂。忽然，一颗流星划过。看到流星的人，都许下了同样一个心愿。

第二天早上醒来，球球突然发现自己昨天晚上对着流星许下的心愿实现了——他能够使用魔法了，但是，他只能使用四次。他慢慢地念动咒语，让书包从椅子上慢慢升起来，飞到他的背上。

上学路上，他看到马路上下水道的入口处有一个圆形的铁盖，他觉得很好玩，就用魔法使铁盖立起来，在宽阔的路面上来回滚动。他又让一辆卡车自动开过来，把卡车的一个前轮陷了进去。车子被卡住了。

球球吹着口哨走不多远，就看到一位清洁工人正在清除垃圾，就念起咒语，"垃圾们，飞起来吧，落到小车上，永远别掉下来。"三轮小车上的垃圾都堆到小轿车的车顶上了。

走过学校门口的小卖部，球球就绕着小卖部走了一圈。瞬间，一道金光闪过，小卖部还是小卖部，只是里面的食品都已经成了变质食品。

过了一会儿，好朋友强强咬着一块巧克力进了教室。球球为巧克力的香味所诱惑，忍不住向强强要了几块大口大口地啃起来。

溜溜早上醒来，也发现自己昨天对着流星许下的心愿已经实现，她能够自如地使用魔法了。她决心用魔法为人们做些好事。

走到十字路口，溜溜发现一辆卡车的前轮陷到下水道里了，她赶紧念起咒语，让卡车的轮子浮出来，再让铁盖滚回去，盖紧。

走不多远，溜溜又使用魔法，让小轿车上的垃圾又自动地回到三轮小车上。

到了学校里，溜溜看到许多人都捂着肚子往厕所里跑。她赶紧使用魔法，治好了同学们的肚子。

球球正在教室里看好戏，突然，他感到肚子一阵绞痛，急忙往厕所跑，他这才想到刚才从强强手里拿来的巧克力有问题："这巧克力一定是在门口的小卖部买的。"可是，等球球想用魔法给自己治疗的时候，忽然发现魔法咒语已经失效了。原来，他已经使用了四次魔法。

精灵的故事

谢欣澈

云彩王国住着云彩女王和许多云彩精灵。每天，天亮的时候和太阳落山的时候云彩精灵就会乘着五彩的云朵给天空撒上漂亮的云朵，这是她们的工作。因为有了云彩精灵，我们才可以看见天空中美丽多姿的云朵。

云彩蓝精灵，是彩云女王最喜欢的精灵，因为蓝精灵不仅可爱，而且还很聪明。她不像紫精灵那样喜欢在闲着的时候，在云彩溜冰场溜冰；也不像红精灵那样，追着各种各样的彩云玩耍；更不像白精灵那样，整天地担心自己撒下的云朵不够白。蓝精灵闲着的时候，她会看很多很多的书，在整个云彩王国，蓝精灵的房间里的书是最多的，那都是云彩女王送给蓝精灵的，众多的精灵中就只有蓝精灵喜欢看书。

所有的精灵都很喜欢蓝精灵，在蓝精灵看书的时候其他的小精灵都不会去打扰她。只在晚上整个云彩王国庆祝一天结束时，所有的精灵才会把蓝精灵请出来，让她给大家讲既新奇又感人的故事。蓝精灵讲的故事，会让每一个人都陶醉在其中。

有一天，有一个万能巫师来到了云彩王国，他想要控制整个云彩王国，他用巫术把云彩女王关了起来。云彩精灵们想把女王救出来，可是她们的法力都不够。"怎么办呢？我们怎么才能把云彩女王救出来呢？"红精灵着急地问其他的云彩精灵，她们可不能没有云彩女王呀！但是大家都没有想出什么好办法来。要是明着跟万能巫师斗，她们肯定斗不过的。"蓝精灵，你是最聪明，你一定有办法救云彩女王的，对不对？"

蓝精灵思索着，她知道要打败万能巫师就一定要靠智慧才行，"叮咚，叮咚……"钟声响起。"撒云的时候到了，我们先把工作做好，再来想办法吧。"蓝精灵说，精灵们都不敢耽误工作，去工作了。本来今天蓝精灵是不用去撒云的，可是她还是跟着精灵们一起去了天空。

看着其他的云精精灵们那么认真地撒着云，把天空装伴得那么美丽。蓝精灵忽然想到了，她从书中看到的七仙女的故事，她想，只要云彩精灵们同心协力，也一定可以打败万能巫师救出云彩女王的。

工作结束，蓝精灵把想法告诉了其他的精灵，精灵们都紧靠在一起，变成了一个七彩的莲台，她们找到万能巫师，用她们的智慧打败了万能巫师，救出了云彩女王。蓝精灵笑了，她知道是智慧救了大家。

夏　装

胡语燕

2057年7月，塘下。

看着时空穿梭机屏幕上显示的几个字，我知道已经到达目的地了。

迫不及待地打开舱门走出来，我发现自己短袖、短裙的衣服，在这个时候显得格格不入。

街道上来来往往的人打扮各异，虽然也有短袖短裙的清凉打扮，然而更多的人穿着长袖的衣服呢。这……这还是夏天吗？我明显觉得气温有点儿高，我的额头都冒汗了呀。

找个阴凉的地方坐下，我仔细地观察着来来往往的行人。他们并不感觉热，身上没有一滴汗，天上火辣辣的太阳并没有影响大家逛街的热情。

一位年纪和我差不多的小姑娘走过来，她身上的牛仔裙看起来很厚实，上面装饰着一条条弯弯曲曲的线条。走过我面前的时候，我惊讶地发现，牛仔裙上的花纹变了，那弯弯曲曲的线条变粗了，变成了一根根绿色的藤条，上面还开出了白色的花。这个年代的衣服难道有什么特别的功能是我所不知道的？

看到街道旁边一家服装体验店，我就进去看了看。导购机器人热情地迎接我，让我试穿一件长袖的连衣裙。连衣裙的款式很古朴，上面装饰着普通的黑白相间的线条，衣服布料比较厚，可我穿在身上却有一种凉爽的感觉。导购机器人告诉我，这是今年新款的"凉爽衣"，上面这些线条都是"散热纤维"，在太阳的照射下，线条吸收了周围的热量，颜色和形状会发生变化。

我明白了，刚才那位小姑娘牛仔裙上的线条也是"散热纤维"吧，衣服吸收了热量，她穿着逛街就不会觉得热了。

我很想买下这条有"散热纤维"的连衣裙，可是时空穿梭机并不能把2057年的衣服带回到2007年啊。我在心里叹息着走回到时空穿梭机里，这次我要去2107年的7月，看看一百年后的夏装。

未来超市

张钧皓

时空穿梭机平稳地停下来，自动门打开了，我看到面前是一个巨大的超市入口——人本超市。没想到2067年了，这个超市越开越大了。

随着人流进入超市，没有保安，没有营业员，来来往往都是来购物的人。突然，上面一道光落下来，在我脸上晃了一下，我听到一个声音：你好！张先生，你需要购买什么东西，请直接跟我说。循着声音，我扭头看到一个四四方方的机器人，它的头身子是一个四方形的柜子，下面是四个万向轮，柜子上面的头是一个弧形的屏幕，随着它讲话的声音，屏幕一闪一闪的。

我告诉它，我需要买一些水果和饼干。机器人就引着我朝食品区走去。

食品区的食品琳琅满目，各种瓜果，各种蜜饯，各种饼干摆放得整整齐齐，每一样食品下面都是一个小型的电子屏幕，上面标着食品的价格。机器人告诉我，买东西不需要用手去拿，只需要轻轻地一点屏幕，它就会帮我记录下来，然后到超市出口结账的地方，就能够看到自己购买的东西了。结账之后，会有无人机直接送到我居住的地方。

哇！这么棒？我简直不敢相信自己的眼睛，超市的服务这么好，我只需要指指点点就可以了。

我的购买欲望一下子就上来了，看到自己喜欢的东西，看到一些新奇的食品，就一个劲儿地点点点。机器人在我身后跟着，记录着我买到的东西。

买了东西，就到出口结账。仍旧是一道光在我脸上晃了一下。一个声音响起来：对不起，张先生，你的余额不足，请充值。

啊？我愣了一下，这才想到，我是五十年前的小学生，银行卡里可没有那么多钱。

虽然我点了很多东西都没有买，但是机器人一点儿也不生气，仍旧客气地对我说"再见"。

未来超市真棒！坐上时空穿梭机回来的时候，我脑子里还在想着在超市里经历的事情。

100

未来的机器人

池子韩

日期：未来的一个暑假

天气：多云

心情：快乐之后的忧伤

我正在写作业，突然，从身后传来"吱吱吱"的声音。我回头一看，只见一个机器人出现在我的旁边，胸口还贴着一张纸条：我是一个机器人，是远方的朋友让我为你服务的。

嘿，机器人，我早就想有一个啦。不知道是谁知道我了的心思。算了，先试一下功能。

刚好，爸爸妈妈不在家，我正想找东西吃。我就对机器人大喊一声："我要吃牛肉扒饭！"机器人的眼光一直闪动，额头上出现了一行闪光的字：正在积极准备中。过了一会儿，一碗香喷喷的牛肉扒饭就从胸口的托盘里弹了出来。我喜出望外，边吃着饭边想：真是太好了，以后想吃什么好东西都不用出门，对着机器人大喊一声就行了。

机器人，就是牛！我在心中暗暗地感谢送我机器人的那位朋友。吃过饭了，机器人给我送来漱口水和纸巾，服务绝对周到。

吃过饭，开始写作业，我正看着书，突然遇到一个不认识的字——鄹。怎么办？查字典，那太麻烦了，我从机器人的胸口拉出一个写字板，把这个字"酆"字写上去，过了一会儿，机器人的额头出现了一行字幕：酆（fēng），姓的一种。酆都城：迷信传说中的阴间。嘿，这机器人居然还是全能的，这以后我的作业就全交给它了。

自从有了这个机器人后，我的生活水平有了极大的提高。想吃什么，吩咐一声，机器人就给做好端到面前，什么炸鸡啊，可乐啊，薯片啊，只要我想得到的，机器人就能给我弄来。至于作业呢？根本不用我操心了，机器人都给我安排得妥妥帖帖的。

今天早上起床，我喊道："给我来几个正宗的天津狗不理包子。"没有反应。我睁开眼睛一看，机器人不见了，桌子上有一张纸条：我是一个机器人，我的主人让我回去了。

啊，机器人走了，那我怎么办？我看看已经胖得不成样子的身躯，已经完全没有自理的能力了啊！

二十年后的我

章紫童

二十年过去了，我有了一个属于自己的家庭，也有了一份自己向往的工作。我选择了幼师这份职业，不知是为什么，可能就是单纯的喜欢罢了，也可能这就是我一生中职业的归宿。

早晨，又是被那万恶的闹钟声吵醒，用双手拍了拍脸，使自己能清醒一些。多想在被窝里再待一会儿，再留恋一下被窝里那温暖的感觉，可惜条件却不允许我赖床，身为半个家庭主妇的我，还要为家人准备早餐。洗漱完，手忙脚乱地准备好早餐后，将还在睡梦中的孩子硬生生地拽起，半拖半推地将他送向卫生间，然后再检查他的课本、茶杯、纸巾……这些零零碎碎的琐事，侵蚀着我的时间和精力。早起的交响乐随着"砰"的一下关门声，完美落幕。

现在的我褪去了以往的稚嫩与幼稚，每天奔波在工作岗位与家中。时间已不再如年幼时那般可以随心所欲地支配，只有在周末或是小长假偶尔与朋友出去逛逛，吐槽一下自己的生活，自己的工作。

幸亏，幼儿园离自己家不远，步行十几分钟就到了。一如既往，门口的保安大叔总是来得那么早，每天都能看到他一脸慈厚地站在那，久而久之便熟络了，颔首点头便算是打过招呼，今天也不例外。幼儿园的教室都是花花绿绿，五彩斑斓的，呈现出童话的意境。

每天一踏进教室，我总会深深地吸上一口气，又长长地呼出去。因为接下来的世界，也不再是我个人的，而是属于他们的，我得精神抖擞地融入他们的世界。首先要迎接小朋友们的到来，这段时间比较无聊，乏味，闲着也是闲着，通常便会去收拾小朋友的玩具和桌子。尽管一个班有三个老师，但如果你教的是小班的话，几乎每时每刻都会有杂事急待解决：如果他们需要上厕所，你还要挨个帮忙，来不及上，或是弄湿了裤子，你还得化身为他们的第二个妈。吃午餐，几个顽皮的不安分，在班级里到处乱跑，你还得花言巧语诱惑他们回到位置上。午休，是我最爱的时间，配合着孩子们闹腾了半天，终于可以休息了，累了趴在桌子上睡会儿，闲着便刷刷手机，逛逛朋友圈。午休之后，孩子们还处于懵懵的状态，等吃完了点心，又要开始闹腾了。所以这段时间，都是给他们看会动画片，或是玩会儿玩具，有时自己也会不受控制地陪着他们玩。

回到家也是一刻也不歇息，做饭、拖地、洗衣服……样样都得我一手操办，空闲的时间就研究研究食谱。

其实小时候玩家家特别喜欢当妈妈，当老师，每次都是争着抢着

猴子的尾巴

要当的，但是真的当了妈妈后，做了老师后，才发现小时候的自己太天真了，只看到了表面的荣光，没看到背后的艰辛。

我是魔法师

何正翰

晚上，睡梦中有个穿法师袍的伯伯教我使用魔法杖。早上醒来，在枕头旁边就发现一根精致的魔法杖。呀！我的梦想实现了，我现在是魔法师了。

大街上人来人往，每个人脸上带着幸福的微笑。呃，那边怎么还有人光着脚在街上走呀，天气冷了，他们四处流浪多么痛苦啊。"给他们变几间房子吧。"我把流浪的人们带到路旁，轻轻一挥魔法杖，金光闪过，路旁突然出现几间房子。流浪的人们拍着手欢呼着跑进房子，他们终于有个像样的家了。

一路逛到公园里，公园的菊花开了，金灿灿的多么美丽。一位叔叔坐在轮椅上看菊花。我认识这位叔叔，他每天清晨要来公园呼吸新鲜空气的。他的双腿因为小儿麻痹症而瘫痪。我挥了挥手中的魔法杖，高声说："健康，快回来吧！"一阵微风吹过，叔叔的双腿突然有了感觉，他尝试着慢慢站起来，竟然成功了。他不敢置信地看着双腿，喃喃自语："啊？我可以站起来了，可以……"

做了两件好事，我心情舒畅，一边走在回家的路上一边哼着歌曲。经过大桥的时候，我看到桥下乌黑的河水在静静地流淌着。"河水污染很严重啊——”要是以前，我一点儿办法也没有，可是今天不一样，我是魔法师了。我挥动手中的魔法杖念道："水源净化！"只见水面一阵涌动，所有沉淀在河底的垃圾一下子浮到河面上被火焰烧得一干二净，清清的河水又回来了。我又在河边竖了一块木牌，上面写着"保护自然环境，共创健康生活"。

我是魔法师，这不是做梦哦，我能够用手中的魔法杖做许多许多好事呢！

地球妈妈的病历卡

庄　力

地球妈妈病了，上吐下泻了好几天，实在忍受不住病痛的折磨，请假去了宇宙医院。

宇宙医院在太空深处，那里山清水秀，花红柳绿，完全是一处人间仙境。

地球妈妈已经奄奄一息了。她身上的皮肤已经大面积地损坏，有些地方过于干燥，一层一层地剥落。医生轻轻地对着那块皮肤吹了一口气，就扬起了很多皮屑。有些地方完全腐烂了，陷进去一大块，散发出一股臭味。医生细心地给她做了血液检测，发现血液里进入了太多的毒素，导致白细胞大量死亡，已经不能正常地给心脏提供必需的养分。通过X射线，医生看到，地球妈妈的肺部由于长期吸入带病菌的空气，已经产生数不清的肿瘤。

诊断之后，医生在地球妈妈的病床头挂了一张病历卡：

姓名：地球

年龄：五十亿

诊断结果：

1.皮肤癣后期，溃烂、剥落现象；

2.病菌大量入侵，白细胞数量不足；

3.肺部肿瘤，呼吸困难。

地球妈妈还在睡梦中，这个梦好长好长，她梦见自己年轻的时候，身体是多么健康，大小动物们都喜欢在她的身上嬉戏。那时候天是蓝的，山是绿的，水是清的，呼吸是那么清爽。可是自从诞生了人类这个地球妈妈的宠儿以后，地球妈妈付出百倍的努力来呵护他们。可是人类并不知道爱惜妈妈，只是向妈妈不断地索取自然资源，不断地杀害动物。原始森林被砍伐了，多少动物成了餐桌上的美食。由于人类的饕餮，地球上的许多生物都濒临灭绝了。当年的孩子长大了，开始了探索宇宙奥秘的征程，能够驾驶着飞船去远航了，可是地球妈妈却病了，正当壮年的她未老先衰。

醒了，醒了。地球妈妈浑身都被冷汗浸湿了。再也不能让这群孩子这样胡闹下去了。这里是宇宙医院，希望医生能找出一个好的治疗方案来，让地球妈妈早日恢复健康。

美丽的错误

　　"谢谢你，梦瑶。"甜甜的声音把我的思绪拉了回来，看到她幸福的表情，我的心中也荡起来幸福的涟漪。

　　是啊！我只是把不属于我的文具盒交到甜甜的手里，却意外收获了她的友谊，这是不是一个美丽的错误呢？

《守株待兔》新编

张心和

农夫美美地享用了一顿兔肉之后，心里高兴极了！他想到，要是每天都有这么一只兔子撞死在树桩上，该是多么好的事情呀！

于是，从第二天开始，农夫就守在树桩旁边，等待着兔子的到来。

这一天，有一只兔子从树桩旁边经过，看见那靠着树桩打瞌睡的农夫，不禁笑出了声。心想：这农夫真逗！上次那只野兔和我赛跑，跑得太快在树桩上撞死了，这农夫还想有兔子在树桩上撞死吗？嗯，我得好好捉弄他一下。兔子从田里找来一团棉花，把一个小蜂巢给封了起来。然后把棉花捏成兔子的形状，放在树桩旁边。

兔子并没有走开，他忙活了半天，可是要看农夫的笑话的。

果真，农夫睡醒了，看到树桩旁边有一只"白兔子"，高兴得手舞足蹈，一边跳一边疯疯癫癫地唱："哈哈哈，终于又有笨兔子撞到树桩上来了。"跳着跳着，他不小心踩到"白兔子"身上。

蜂巢里的大马蜂早被外面包围着的棉花给惹急了，现在有人踩开一个缺口，马上就生气地冲出来，对着农夫一阵乱蜇，在他的头上、手上、身上留下许多硬包。

躲在附近看着的兔子早笑坏了，捂着肚子偷偷地溜走了。

经过大马蜂的一顿"教训"，农夫终于明白了：偶然出现的机会是不会永远都有的，只有自己劳动赚来的，才是永远属于自己的。

黄鹤楼送孟浩然之广陵

赵晨晔

诗人李白起得特别早，因为今天是送别好友孟浩然到广陵去的日子。想想几天前，两人还经常在一起饮酒作诗，互道仰慕之情，今天就马上要分别了。"吾爱孟夫子，风流天下闻。红颜弃轩冕，白首卧松云……"李白心中默默地念着诗句，整整衣裳走出门去。

109

已经是阳春三月，长江边烟雾迷蒙，繁花似锦。江里的波浪时起时伏，轻轻拍打着岸边，似乎也在吟咏一首离别的诗歌。远处的山绿了，郁郁葱葱之间却闪烁着点点红光，那是盛开的杜鹃花。黄鹤楼边的柳树在春风中舒展着枝条，亭亭玉立，然而，李白现在已经完全没有心思欣赏这春天的景色了。

书童在黄鹤楼摆上了简单的菜肴，李白举杯示意："浩然兄，王勃说得好，'海内存知己，天涯若比邻'，虽然兄长这一去扬州迢迢千里，可也并不是没有聚首的机会啊。只要我们心怀思念，这天涯和咫尺并没有什么分别啊！"李白的话说得很豁达，而微微颤抖的语气却显露出他内心的不安。

"是啊，烟花三月的扬州正在向我招手呢？太白兄游历天下，我们终究是会有相见的一天的。来，干了这一杯。"孟浩然猛地举杯，一仰头，把酒灌了下去。

"浩然兄，保重！"李白执手送孟浩然登上小船，目送他飘然远去。

黄鹤楼旁的景色依旧美丽，绿草茵茵，鲜花盛开。看着这熟悉的一草一木，李白幻想着没有孟浩然在的种种情景。

知了还在鸣唱，夏日炎炎，太阳挥洒着猛烈的热情，这样的天气怎么能少了朋友之间的交谈呢？

当天气开始肃杀，古筝悠扬的声音在天空回荡，是最适合吟诗作对的时候，怎么能够少了孟浩然这样的诗友呢？

冬季的雪花最美丽，纷纷扬扬地降临大地的时候，每个人都会诗兴大发的，这样的季节怎么能够少了一个朋友呢？

春雨绵绵，蛙声遍地的时候，老农们尚且在预祝一年的丰收，对于一位诗人，怎么能少了一位知心朋友呢？

可是这一切美好的梦想将随着孟浩然远下扬州而宣告结束，怎么能不让人惆怅呢？

李白回过神来的时候，孟浩然的船只已经驶远了，在浩荡的江面上只剩下一个白点。按捺不住心中澎湃的诗情，李白提笔在黄鹤楼的墙壁上提下了一首诗：

故人西辞黄鹤楼，烟花三月下扬州。

孤帆远影碧空尽，唯见长江天际流。

还有什么能比悠悠的长江水更能表达李白心中的惆怅和思念呢？

神　鸟

王　静

　　可汗回到家，还是不甘心。心里想："我这么厉害的一位可汗，现在连一只小小的鸟都捉不住，我还是什么可汗啊！"

　　于是，他又从万年古松上捉下了神鸟。在路上，神鸟说的还是那个条件：不许唉声叹气，不许闷头不语。然后神鸟说："我给您讲个故事吧！"

　　从前，在森林里住着一只乌龟和一只小兔。一天，小兔去找乌龟，说："我们俩比赛跑步如何？"乌龟知道自己跑不过兔子，但还是答应了兔子的请求。

　　森林里的动物听说乌龟和兔子要赛跑，都纷纷赶来观看。猴子教练"嘟"的一声哨响，比赛开始了。兔子一下子"蹿"得没影儿了，只剩乌龟在后面慢慢地爬。兔子跑到离终点不远的时候，突然停住了。心想："乌龟肯定跑不过我，我先在大树底下睡一觉再说。""呼噜……呼噜……"兔子睡着了。这时，落后的乌龟已经到了，可是兔子还在睡觉。乌龟已经到达终点，动物们都在祝贺乌龟。兔子听见动物们的欢呼声，不由得惊醒了。它看见胜利者原来是乌龟的时候，它后悔也晚了！

　　可汗听完，说："唉，兔子真是的，光小看别人，结果自己落后了！"可汗刚一说完，神鸟"蹭"的一声飞走了。

可汗心想：唉，我怎么这么笨啊，怎么老上它的当？

可汗又想了想，自言自语道："唉，我真是斗不过它啊！"可汗回到家后，下了一道命令：任何人都不准再去捉神鸟。

《凡卡》续写

庄清华

"凡卡！凡卡！快给我起来……"阿里亚希涅愤愤地拿着皮靴抽打着凡卡。

"啊！"凡卡从梦中醒来，马上哭着跪求，"老板，饶了我吧……"

"你看你！竟敢偷拿我的墨水和钢笔用，你吃了熊心豹子胆了！啊？"老板怒斥道，"罚你包所有工作做十天！"

早晨，凡卡早早地起来提水、洗衣、烧饭、擦地……中午，到野外砍柴、劈柴，干完活照顾老板的小崽子，为小崽子摇摇篮、喂食、接屎接尿……晚上也不例外，擦鞋，整理……总之，每一天都忙碌不停。

在旁的伙计们常在暗地里取笑他，而凡卡只有被取笑的份儿。

就这样，圣诞节在老板的棍棒、老板娘的斥骂、伙计们的提弄中过去了。十天也很快就过去了。凡卡写信后不但没有爷爷来接他，而且连个回信都没有。

时间又一天天地过去，凡卡十分失望。他整天伤心地叹着气，时常呆呆地望着窗外，怀念当年和爷爷过着的快乐生活。

"凡卡！给我干活去，不然小心你的皮！"老板叫住了凡卡。

凡卡无可奈何，想逃，但逃到哪儿，又不认识回家的路；走在路上饿了没饭吃，无路可走，只好放弃……

但回家的念头一直在凡卡的心里盘旋着，越来越强烈。

到了晚上，老板正好有事出去了。凡卡躲开了伙计，匆匆地跑到上次寄信的邮筒旁。等到那整天醉醺醺、凸着肚子的送信人驾着马车来时，忙怯生生地问道："我想问问我的信有没有寄出去。""谁的？""乡下爷爷。""谁？""乡下爷爷。""什么乡下？""乡下不就是乡下嘛。"可怜的凡卡回去答。"哈！哈！"邮递员甩着鞭子大笑着，"信？没有地址，你到上帝那去收回信吧！"送信人已经走了无影无踪了，而凡卡还一直呆站在邮筒旁，许久许久……天更冷了，寂静的夜里不知什么时候下起了一片片鹅毛似的雪。

"吱——"清脆的声音打破了寒夜里的寂静。

"凡卡，你死哪儿去了？"老板娘发现了，"你不在家干活，去哪儿了？"老板娘随手抄起一把榫头，劈头朝凡卡敲去，"看你以后还敢不敢乱跑……"

凡卡含着泪水，忍痛睡下，梦里他仿佛又看见爷爷那亲切的脸，对凡卡说："你一定要坚持下去……"

从挫折中走出来

——《我们一起走，迪克》读后感

戴韩民

读完《我们一起走，迪克》，我的心中久久不能平静。

主人公阿炯的父亲是个酒鬼，继母胖菊经常虐待他。阿炯因为思念母亲导致双眼失明，再也看不到这个五彩的世界了。迪克是阿炯收养的一只外表丑陋内心善良的狗。在迪克的帮忙下，阿炯踏上了寻找亲生母亲的旅程。一路上颠沛流离，阿炯从来没有放弃心中的信念。在一次生病后，阿炯被好心的阿姨和宋经理一家收留。阿炯病好之后，写了一首二胡曲，被宋经理发现。宋经理发现阿炯身上的音乐天分，就让一只白狮狗代替迪克，让阿炯卖艺赚钱。一个偶然的机会，阿炯发现那位好心的阿姨就是他的亲生母亲。然而阿炯被虐待的命运并没有被改变，以前虐待他的是继母胖菊，现在虐待他的是继父宋经理。在一个夜里，阿炯喊上迪克，重新开始流浪的生活。

故事到这里就结束了，阿炯以后的生活会有什么样的遭遇，我并不知道，但我想"苦心人，天不负"，阿炯必定能够靠着自己的音乐天赋，自由快乐地生活下去，因为他有迪克的友情。

每个人在生活中都会遭遇这样那样的挫折和苦难，然而只要我们心中有坚强的信念，一定会找到属于自己的成功。

我坚定地相信，阿炯虽然是个盲童，虽然遭遇生命中最大的挫折，但他一定能够从挫折中走出来。

有一种至宝叫"意志"

——读《小公主》有感

陈羽祺

走进房间，看到课桌上放着的《小公主》这本书，我又想起莎拉的善良和坚强，心中涌动着感动的暖流。

115

莎拉从小就失去了妈妈，与爸爸克鲁上尉相依为命。因为家庭富裕，她成为学校特别重视的学生。后来，莎拉的父亲突然去世，莎拉变得一无所有，一下子成了一文不值的"小女佣"。困境中她依然保持善良、乐观的高贵品质。

那是一个冬天，莎拉饥寒交迫地在大街上走着，捡到了一枚四便士的硬币买了六个面包。此时，莎拉非常饿，可她却把五个面包给了小乞丐安妮，只给自己留了一个。此时的莎拉住的也是破旧不堪的阁楼，每天有做不完的活在等着她，还吃不饱，穿不暖，但是她勇敢乐观地面对一切，并且和小帮工贝基成了好朋友。

读了这本书，我知道莎拉是个聪明的孩子，而且她是一个懂得感恩的孩子。遇到困境时她依然保持善良、乐观的高贵品质，成为有着坚韧不拔的意志的真正的小公主。联系我自己的生活经历，我认识到小公主身上的这种意志无论在任何情况下都是非常重要的，顺境的时候，它不会让你忘记前进的步伐；逆境的时候，它也不会让你坠入深渊之中。

记得那一次，我参加小记者作文大赛。为了能够在比赛中取得好成绩，我早早地根据比赛主题写好了文章，再请妈妈审阅批改，然后在妈妈的指导下，经过一次又一次地修改润色，让文章变得更加完美，同时也因为一次次地修改、抄写文章内容，我都熟读成诵了。

比赛的日子，我自信十足地走进考场，与来自各个学校的高手一较高下。比赛结果揭晓的时候，我精心准备的作文没有入选。那时，我很伤心，感觉就像被蜜蜂蜇了一下似的，一阵阵刺痛，泪水像一条小溪一样流淌着。

今天，读着小公主莎拉的故事，再想想我自己当时的脆弱，我的内心开始涌动起感动的暖流了。

保持善良乐观的心态，勇敢地面对生活的种种磨难，小公主身上的品质，在我的心中渐渐明朗起来了。要知道，莎拉并不是一开始就有这种品质的，她是在经历了众多的磨难之后，才终于得到了这件至宝。我今后也会像小公主莎拉一样，努力得到这件至宝。

和动物相亲相爱

郑　锦

我最喜欢的一本书是《我的野生动物朋友们》，这本书不是童话书，也不是科幻小说，而是讲述一个个真实的故事。主人公蒂皮是一个真实的女孩儿，她有着特别的天赋，能够和动物说话，和非洲的野生动物相亲相爱。你看，她用头、用眼睛跟它们说话，用心灵与它们沟通。它们做出一些动作，或者是用眼睛看着她，好像它们要说的话都从眼神里表达出来。

在普通人的眼里，野生动物是十分可怕的存在，它们野性十足，会做出伤害人类的事情。然而在蒂皮的眼里，野生动物们是好朋友，是可以一起玩耍的对象。在书中，蒂皮描述了自己跟大象、鸵鸟、豹子、长颈鹿相亲相爱的事情，野生动物就如同是蒂皮的家人一样，他们在一起，发生了许许多多有趣的事情，还拍下了许许多多有趣的照片。

读着蒂皮的故事，我想到了我们的生活。在我们生活的这个城市里，人们对待动物并不友好。大家把动物养在家里，高兴的时候，逗动物玩玩，不高兴的时候，还会做出伤害动物的事情。

我也十分喜爱小动物，我养过乌龟、金鱼、小狗等各种小动物，可是我并没有把小动物当朋友来看待。清明节的时候，我从街上买了一只小兔子回来，把它关在笼子里，生怕它逃走。虽然我每天都给小兔子喂新鲜的菜叶子，可是小兔子似乎很不高兴，经常用红彤彤的眼睛看着外面的世界，它多么渴望自由啊。它经常用爪子抓着小笼子的门，一副很痛苦的样子。这只兔子养了几天，它就没有胃口吃东西，最后死去了。那个时候，我多么后悔，我知道小兔子喜欢青青的草地，喜欢自由自在地在草地上蹦跳，可是我只能给它一个空间十分狭小的小笼子。

读着《我的野生动物朋友们》这本书，我在心中暗暗地想着：以后我再也不会因为自己喜欢，就把小动物关起来养了，我要把它们当成自己真正的朋友，和它们相亲相爱。

友谊是一朵神奇的花

——《疯狂外星人》观后感

邱于庭

电影《疯狂外星人》向我讲述了一个"疯狂"的故事。外星人小欧是啵啵星球中的"异类儿童"，他有一颗纯真热情的心，希望得到别人的友谊，而他的这种想法却是啵啵星球的其他人所抵触的，他在啵啵星球几乎没有朋友，就是小欧的名字"Oh"也正是同族人见到他嫌弃的语气词。地球女孩儿小钱也显得很另类，她性格独立自主，生活在孤独中，平日里最喜欢和宠物猫"猪猪"相伴。这么两个特别的人，在地球相遇，相识，相伴环游地球，再经历了种种挫折之后，两人从互相抵触到磨合再到最后成为真正的好朋友，电影的故事情节有点儿"疯狂"，却也"疯狂"得恰到好处，让我一次次地感动，感受到友谊的珍贵。

我想起在自己就读的班级中就有这么一位另类的插班生。他从农村转学来的，穿着破旧的衣服，身上散发着一种难闻的气息。他说话粗声粗气，牙齿是土黄色的，牙齿缝儿里经常可以看到一些食物的残渣。他就如同是一名"空降"的外星人，与同学们格格不入，几乎没有人会和他一起玩耍。大半个学期过去了，大家才逐渐发现他身上的一些优点，他学习勤奋，作业本上的字迹永远是那么工整；他乐于助人，无论谁遇到了困难，他都勇敢地伸出援助之手；他诚实善良，不会因为大家看不起他，而敌视身边的同学。他逐渐融入了这个班集体，有了许多互相帮助的好朋友。在一个新学期的开始，他参加了中队委改选的竞选，成功的演讲，打动了许多同学，赢得了热烈的掌声。他现在，已经是班集体中不可或缺的一员了。

友谊是一朵神奇的花，外星人和地球人能够因为一场偶遇成为好朋友，何况是朝夕相处的同学呢？

我的冤家，我的爱

包依涵

119

说起我的最爱，当然非平板电脑莫属了。自从有了平板电脑，我的生活就被各种各样的游戏占据着。在所有的游戏中，我最喜欢的就是"我的安吉拉"。你能想象，一个小女孩儿早晨刚睁开眼睛，就是先玩一会儿"我的安吉拉"游戏，然后才洗脸刷牙的情景吗？每天晚上睡觉前，我的脑子也不安分，想着明天该怎么玩我的游戏。甚至在上课，在写作业的时候，我也会想到，该怎么玩才能在游戏里赚到更多的钻石。平板电脑充实了我的生活，给我带来了快乐。直到有一天……

妈妈发现我整天捧着平板电脑玩，成绩飞速下降，就给我下了封杀令——禁用平板电脑。我的手指不能再碰触平板电脑的屏幕了，每天只能忙碌地应付各种练习题。

这一天我回到家的时候，妈妈还没有回来。我看到平板电脑在茶几上歇着。我只是偷偷地瞄了它一眼，它似乎就感觉到了，好像在冲着我打招呼："小主人，快过来玩我吧，你已经很长时间没有玩游戏了，我感到好寂寞。"我很想马上走过去玩玩我最爱的平板电脑。可是妈妈那严厉的声音又出现在我的脑海中："先把成绩提高上去，要不然我把平板给砸了。"母命难违。我强迫着自己的腿在书桌前坐下来，翻开作业本写了起来。妈妈不在家，我想玩平板电脑的心思又开始活络起来了。作业本上的字不是少了一笔，就是多了一画。

"就偷偷地玩一会儿，就一会儿。"我对自己说。可是我一拿起平板电脑，玩起游戏来就完全忘了时间。结果又被妈妈狠狠地训斥了一顿。

平板电脑，真是我的冤家，可它又是我的最爱，我该如何处理好跟它之间的关系呢？

考试的 N 个苦恼

徐千茹

校园生活的所有苦恼几乎都跟考试有关系。

苦恼一：考试前 N 多作业

每次快要考试的时候，老师就憋足了劲儿布置作业，不但要把一整个黑板写得满满当当的，还会有额外的作业产生。比如：做课外练习题，做好词好句的摘录，修订整理错题集，等等。

回到家就得开始动笔写，写到手发酸，腿发软，上下眼皮开始打架，真想就搁笔不写了。可是一想到如果不能及时完成作业，老师一发狠，就要把作业翻倍，那就得不偿失了。唉，考试前作业N多，真是生活第一苦恼的事儿。

苦恼二：考试时N多粗心

怎么说，小小年纪的我也是"身经百战"了，怎么会在考试的时候怯场呢？主要的是，考试的时候，我总是粗心大意。不是这个字多了一撇，就是那个字少了一点，有时算式列好了，还会把除号当成了加号来计算，你说恼人不恼人？

就在上一次数学考试，明明是很顺利的题目，马上就成功在望了，就因为我把竖式写得歪歪扭扭的，结果计算的时候，又发生了错误。粗心不是病，它一来就要命！

121

苦恼三：考试后N多唠叨

考试过去了，苦恼并没有走。你听，妈妈的埋怨唠叨才开始呢："徐千茹，你怎么就考这么点儿分数啊？每次办公室同事问我，你考试的成绩好不好，我都脸红着答不上来。你考得这么差，让我的面子往哪儿搁啊？看来非得好好教训你一顿不可……"

妈妈是"刀子嘴豆腐心"，每次说教训我一顿，其实是舍不得教训我的，只是她那没完没了的唠叨，比严厉教训一顿还来得厉害，让我好生苦恼。

围绕着考试产生的苦恼还有N多，这感觉，怎一个"恼"字了得！

烦恼一箩筐

赵凌志

说起我的烦恼有多少，那可是一箩筐一箩筐的。深夜，周围一片寂静，此时夜阑人静，而我却睡意全无，是呀，我能睡着吗？

老妈的唠叨

"都十二岁了，还看什么动画片！"随着老妈那刺耳的"高8度"，电视机"啪"的一声被关掉，我的情绪也失落了不少。"看书去！这种乱七八糟的东西能吃吗？""孩子啊，你爸妈供你读书已十分不容易了，你可得对得起父母的血汗呀……"虽说这"高8度"抑扬动听，那"小提琴伴奏曲"也悠扬悦耳，然而怎么也提不起我的兴趣。我清楚家里的条件，也明白父母的一番苦心，可是我刚从书中出来不到五分钟，现在又要昏头涨脑地在书的海洋中游来游去。我无话可说，只能轻轻一叹："唉！……"

弟弟的霸道

或许你们会觉得我很不好客，其实，我也是有苦衷的，每次只要表弟来到我们家，我总感觉不到家庭的温暖。

"开饭了……"老妈信号一发出，我就和表弟争先恐后地跑到餐桌边，嘿嘿，有我最喜欢吃的炸鸡腿，我赶紧去盛饭，等我再回到餐桌边的时候，我的"心肝宝贝"早已经被表弟解决掉一半了。

"妈妈，你看弟弟呀，都快把鸡腿吃光啦！"看着表弟满嘴的油，我气急败坏地向老妈告状。

"吃了就吃了呗，让弟弟多吃点儿怎么了？"老妈明显偏向弟弟，我满肚子苦水不知该向谁发泄。

考试的失利

这次单元考试我一个不小心与"90分"失之交臂，我像蔫掉的小黄花一样耷拉着脑袋走回家，我深知，等待我的即将是一场怎样的狂风暴雨。老妈黑着脸早早地堵在门口，老爸坐在沙发上叹着气，接下来呢？你们自己想吧。

想到这些，我对着夜空，按捺不住压抑的心情，高喊三声："啊！啊！啊！"

"吵什么呀，赶紧给我睡觉，明天上课别迟到了！"老妈的"高8度"再次响起。

真想有一个漂亮的洋娃娃

陈彬瑜

　　真想有一个漂亮的洋娃娃，这是我在九岁的时候就有的梦想。那时父母经常外出，而奶奶晚上老是咳嗽，就让我一个人睡一个房间。没有人陪我玩耍，白天已经够孤独了，到了夜晚睡觉的时候，房间里黑乎乎的，我感到害怕，更想有个伴。有时候我会把自己的头蒙在被子里，蒙得透气都感到困难也不想掀开被子。我想到经常走过的那家超市，大玻璃橱窗里有一个漂亮的洋娃娃——大大的蓝色的眼睛，长长的向上弯曲的睫毛，卷着的瀑布型的金发，穿着漂亮的小围裙的洋娃娃。如果它能够到我的床上，让我抱着它，那该多好，我睡觉就不会害怕啦。可是，那闪光的标价牌上明明白白地写着——五百元，我储蓄罐里的钱不够，只能失望而归。

　　真想有一个漂亮的洋娃娃。玩具店里什么玩具都有，而且价廉物美。天蓝色的做工精致的遥控汽车，能在地上自由地转弯；有许多种颜色，可以拼出各式各样房子的魔幻积木；还有款式新颖的各类背包，让人看了就忘不了……这一些，我都不想要，我只想有一个漂亮的洋娃娃。她有柔软的身躯，让我抱着有温暖的感觉；一双会眨巴的眼睛，仿佛在跟我说话；她的身上散发出淡淡的香味，就像我在妈妈的怀抱里闻着淡淡的体香。我会很疼爱她的，给她裁剪新衣服，用最漂亮的丝绸给她做裙子；每天早晨为她梳理美丽的卷发，系上色彩鲜艳的蝴蝶结；夏天给她扇扇子，冬天给她盖被，做完作业就跟她玩许许多多有趣的游戏。爸爸妈妈离家的时间太长了，我一个人在家里真需要一个伴。

真想有一个漂亮的洋娃娃。虽然事情已经过去三四年了，我也长大了，结交了许许多多友好的伙伴，我的生活充满了欢笑，但我还是常常想念那个曾经令我魂牵梦萦的洋娃娃。昨天，姑姑给小表妹买了一个漂亮的洋娃娃，看她抱着娃娃的那个高兴劲儿，我真是羡慕。为什么我的童年就不能也有这么一个洋娃娃呢？直到现在，我还是想能有一个属于自己的洋娃娃，天天抱一抱我的洋娃娃。可是，我已经长大了，是六年级的学生了，我不能跑去玩具店买一个洋娃娃回来，我怕，怕同学们笑话我，说我长不大，还像一个小孩子一样，要抱着一个洋娃娃才能入睡。

真想有一个漂亮的洋娃娃。真的想，好想，好想……

"献爱心"，共筑一条爱的长城

杨文易

9月1日　星期二　晴

俗话说："一方有难，八方支援。"这不，我校开展的"献爱心"图书义卖活动就要拉开帷幕了。

昨天，大队辅导员李老师的话还历历在耳："同学们，当你们坐在宽敞的教室里读书，面对多媒体屏幕的时候，你是否想过在许多偏远山区还有因为贫困失学的儿童？他们因为缺少衣服而愁苦，也因为填不饱肚子而烦恼，他们多么想读书啊……"听着李老师的话语，我的脑海里不断浮现出一幕幕曾经在电视、报纸上看到过的情景：褴褛的衣裳，沾染灰尘的脸庞，最让人难以忘怀的是那一双双渴望知识的眼睛。

现在，同学们竞相在走廊上摆起书摊，准备把自己用过的书籍卖给需要的同学，用卖书所得的钱捐给山区的儿童，让他们都有上学的机会。

"卖书啦，卖书啦，这里的好书特别多，走过路过，千万不要错过！"六（1）的男生看看差不多了，迫不及待地拉开架势嚷道。他的号召力还挺大的，正在各个书摊前徘徊观望的同学一听这喊声都朝六（1）班涌过去。走廊里马上热闹起来，叫卖声、砍价声此起彼伏。尽管"摊主们"的叫卖显得有点儿蹩脚，但是生意看起来还不错。买书的同学也知道这些钱是用来干什么的，所以买书时都很慷慨，看看比较合适就忙着掏口袋了。

我意识到我们班的书卖得没有其他班级红火，就帮忙支招了："大家看这里，推出买书抽奖活动，买一元以上就能参加抽奖，买得多多，机会多多。"哈哈，我这么一喊，人潮又向这边涌动了。你挑一本，他拿一本，再加上作为奖品送出的书，摊子上的书迅速少了。

这边的义卖活动才结束，那边的"献爱心"捐款活动立刻就吹响了号角，大有"你方唱罢我登台"的意思。在激动人心的乐曲中，参加义卖的同学纷纷把自己的钱投进捐款箱。当我挤进去把钱投进捐款箱的时候，心跳一阵快过一阵，我知道：对于众多失学的同龄人，这微薄的钱并不能起什么作用，但许许多多的同学都伸出自己的友爱之手，就能筑起一座爱的长城。

捐款活动结束了，《爱的奉献》乐曲还在校园上空回荡，在音乐声中，我仿佛看到我们捐的钱化作一本本教科书，插上翅膀飞向贫困山区，仿佛看到了山区的伙伴们都捧上了心爱的书籍，渴望知识的眼睛找到了自己应有的归宿。

是啊，我们的祖国虽然地大物博，但由于人口众多，还有一些家庭受着贫穷的困扰。通过这样一次"献爱心"图书义卖活动，让我们发扬中华民族的优良传统，为共建和谐社会尽自己的一分力量！

美丽的错误

陈梦瑶

3月1日　星期四　阴

看着甜甜脸上那惊喜的神色，我的心中也充满了喜悦。思绪不仅又回到昨天刚收到礼物时情形。

中午，明媚的阳光照得我身上暖暖的，我的心里也暖暖的，因为再过几天就是我的生日了。就在午饭后，我收到了快递员叔叔送来的包裹。我用快递员叔叔递过来的笔签收包裹之后，心中的快乐都快溢出来了。这会是谁给我的惊喜呢？爸爸妈妈，哥哥姐姐？还是我平时一起玩耍的好姐妹呢？那一刻，我感觉微风从我身边经过的节奏都是轻快的，忍不住哼起了小曲。

包裹打开了，是一个紫色的多功能文具盒。文具盒做工精致，里面隔开许多小格子，可以用来放橡皮、卷笔刀、钢笔、刻度尺，等等，还有现成的温度计和可以变幻色彩的图画。正在我沉浸在收到礼物的欣喜中，我意外地在文具盒里发现了一张粉色的纸条，上面写着：送给我亲爱的女儿——甜甜，祝你生日快乐！

呀！我心头一颤，甚至惊慌了起来，这美好的礼物竟然不是送给我的，而是送给隔壁甜甜的。我把文具盒放在包裹里重新整理好。那一刻，我的心中仿佛失去了什么，脑子里开始有一丝特别的情绪在波动：这么漂亮的文具盒为什么不是我的呢？现在它已经到我的手里了，我为什么还要给甜甜送过去啊？如果我把文具盒留下来，谁会知道呢？……一连串的心思让我的脸颊开始发烫，我把整理好的包裹又打开看了看，看了又看。

这是甜甜的爸爸送给她的生日礼物，他爸爸常年在外地打工，生活过得很艰难。平时甜甜可没有什么好的衣服，也没有多少零花钱，她自己一定舍不得去买这么好的文具盒，她爸爸送给她的一片心意，我怎么可以……

我越想心越慌，并且口干舌燥。最后我狠狠心，用胶带纸把包裹包得严严实实。做人就要光明正大，怎么可以偷偷摸摸，横刀夺爱，那样我会愧疚一辈子的。

"谢谢你，梦瑶。"甜甜的声音把我的思绪拉了回来，看到她幸福的表情，我的心中也荡起来幸福的涟漪。

是啊！我只是把不属于我的文具盒交到甜甜的手里，却意外收获了她的友谊，这是不是一个美丽的错误呢？

妈妈，对不起

黄桢翔

5月16日　星期五　晴

今天晚上，我写完了作业，就偷偷地跑去看电视了。因为我最喜欢的《手指滑板翼空之巅》就要开始了。我刚看了一会儿，妈妈就出现了。她显得有点儿生气，说："这么晚了，你还看电视？明天上学怎么办呀？"我说："我作业写完了。就看这一集，好吗？"妈妈气得脸都红了，说："你再不乖，就不给你买玩具了。你的眼睛已经出现问题了，再看电视就会近视的。"

妈妈走过去，把电视机关了。我一屁股坐在地上，撒娇地大声哭起来。妈妈拿出一根小棍子，在我的手掌心使劲儿地打了两下。我疼得厉害，哭得更伤心了。

哭了一会儿，我就回到房间里，把头埋在枕头下抽抽噎噎的。枕头下的空气有点儿闷，我的脑海中突然出现了几个画面。

几个月前，我开始不受控制地眨眼睛，让我感到十分不舒服。妈妈着急地带我去看医生，还听从医生的吩咐，买了雪梨、苹果、香蕉等一大堆水果。吃饭的时候，她烧了许多好吃的蔬菜。她说："桢翔，你要多吃蔬菜和水果，这样才能更好地保护眼睛。"

上个星期，我想看一本叫《动物大战僵尸》的书，书中有许多有趣的故事，能够提高想象力。可是学校图书馆已经被借光了，楼下的几家书店也销售一空。怎么办呢？妈妈知道了，心里很着急，到处打听哪里有《动物大战僵尸》，最后她在网上帮我订购了一套。收到书本的那一天，我激动得说不出话来。

就在前天，我和同桌闹别扭了，回到家一直闷闷不乐的。妈妈知道了我不开心的事儿，就一个劲儿地装鬼脸逗我笑。一只手把耳朵往外拉，一只手把鼻子顶起来，扮起猪八戒的样子。看到她那好笑的样子，我闷闷不乐的心情顿时烟消云散。

这一幅幅画面在我的脑海中不断闪现，想到妈妈对我多么好呀，我怎么能够惹她生气呢？

想到这里，我轻轻地走进妈妈的房间，扑到她的怀里，说："妈妈，对不起。"

130

烟灰的作用

王雅言

老爸是个烟鬼，每天都要抽上几包，把家里搞得乌烟瘴气的。更气人的是，他从来不倒烟灰缸，还经常让我洗烟灰缸，真是受不了。

下午，我又被老爸催着去倒烟灰。我气鼓鼓地打开水龙头的时候，无意间瞄到了阳台上老爸精心培育的花草。我心里的气还没有消，就想着让这些花花草草也尝尝烟灰的滋味，顺手把烟灰水一股脑儿倒进了花盆里。

做完了这件事，我心里隐隐有些忐忑，又有些兴奋，小心脏扑通扑通地跳着，一种无法用笔墨形容的感觉在蔓延。

第二天早上，我兴冲冲地跑到阳台上，看见花盆里的花儿似乎安然无恙，心里便有了一些莫名的小失望。午饭后，我特勤快地冲洗了烟灰缸，把更多的烟灰水倒进了花盆，然后坐在一旁观看。

水慢慢地渗进了泥土，冒出了几个小泡泡，起初泥土很平静，似乎没有什么动静。过了一会儿，就有几只小虫子从泥土里钻了出来，在地上翻滚着，抽搐着，然后挺直了身躯——死了。

我吓了一跳，这烟灰水还有剧毒，能杀虫？到网上查了一下，才知道，烟灰水主要成分是尼古丁，尼古丁有剧毒，能使神经系统先兴奋后抑制，在农业上常用作杀虫剂。

我把这个发现告诉老爸的时候，他正抽着烟，一听这话，吓得手里的烟都抖掉了。从那以后，老爸就发誓要戒烟了。

耶！烟灰的作用除了能杀虫，还能劝人戒烟呢，太赞了！

奶奶的"象形字"

郑玉涵

奶奶不是国学大师，但是她可是"象形字"高手哦，这在我认识的所有人当中，可是独一无二的。直到今天，我才发现了她的象形字秘密。

早上，爷爷对奶奶说："昨天晚上孩子他妈妈打电话过来，她明天要带着儿子到这边来做客，顺便把女儿带回去。"奶奶听了就开始拿起笔做记录了。因为妈妈的名字叫海华，奶奶不会写这几个字，所以就在小本子上画了一片大海和一个人摔倒在海滩上。这个意思就是：在海边滑倒了。然后奶奶又画了一间房子，房子里面有几个老人在玩儿，这幅图的意思就是：海华要到老人家里玩儿。

爷爷从外面回来了，奶奶拿着本子对他说："明天海华要到我们家玩儿，你记得多买些菜。"爷爷嗯了一声，轻声地嘀咕着："这老太婆的记性还真不错，好像比以前好了点儿。"

我看到奶奶拿着小本子觉得很稀奇，就拿过来也看了看。

第一页上面画着两颗小豆豆和一瓶牛奶。这是什么意思呢？难道是爷爷的早餐。奶奶解释说："这是豆豆要喝牛奶的意思。"呀，豆豆？我这才想起我的弟弟小名是叫"豆豆"的。我又问了，如果是我要喝牛奶，你会怎么写啊？

奶奶笑了笑，打开一盒彩色笔，挑选了一支红色笔和一支紫色笔开始"写"起来。她先用红色笔画了一个四方框，然后用紫色笔在红色的框框里画了一个小女孩，旁边同样是一瓶牛奶。我看了看，没有懂。奶奶说："紫色的小女孩儿被含在了四方框中，这不就是'子涵'吗？"

我哈哈地笑着，说："奶奶，你的想象力真是太丰富了。"

奶奶的"象形字"可是这个世界上最奇特的文字啦，只有掌握了她的破解密码的人才能读懂她小本子上的故事哦。

幸福是什么？

苏叙尹

罗丹说："生活中不是缺少美，而是缺少发现美的眼睛。"我要说生活中不是缺少幸福，而是缺少感受幸福的心灵。幸福不是鲜花，不是他人热烈的掌声，也不在于拥有多少，而是去感受、去享受那份自然和朴素的爱。

幸福是日常生活中窸窸窣窣的声音

透过纱窗，我可以看到黑夜正退去，青灰色的光亮像潮水一般涌进屋子，书架模糊的轮廓从黑暗中渐渐地清晰起来。四周静谧，才是早上五点半。

就在这个时候，我听见了一阵窸窸窣窣的脚步声，接着是轻柔的开门声，我知道妈妈起床了。

脚步穿过客厅，我听见哗哗的流水声，我想妈妈肯定在洗锅，为我做早餐了。听见开火的声音，放菜的声音，水在锅里沸腾的声音，我能想象到此刻妈妈的额头上沁满了细细密密的汗珠。

不一会儿，我又听见一阵阵略显笨拙的脚步声，那是爸爸起床了，他并没有马上去洗漱，而是拿走我的眼镜，仔细地冲洗了起来。爸爸说过，眼镜要及时冲洗，别蒙上灰尘，这样，世界就会更明亮。

过了很久，才听见"吱嘎"一声，我的房门被推开了："起床了！"妈妈那香甜的声音响起，沁人心脾。

"怎么不早点儿叫我？"我嘟着嘴，撒起娇来。

温柔的声音从客厅飘来："想让你多睡一会儿呀！"

此刻，我好幸福。

幸福是深情的守望

每天坐公交车回家，总能看到妈妈伫立在窗前深情凝望着远处的大门。

想象着，当一辆辆公交车驶过小区门口，却没有发现女儿的身影，妈妈该是何等的焦急和不安啊。今天，透过公交车的车窗玻璃，看着她那左右张望焦急等待的目光，我的眼圈红了，默默强忍着泪水。

泪眼蒙眬中，妈妈的背影成了一尊定格在我心灵深处的雕像。原来，幸福还在妈妈那深情的守望中……

幸福是传递的菜肴

餐桌上，除了芳香四溢的饭菜外，我想，还有浓浓的亲情在弥漫。

开饭了，一家人围坐在一起，不管是爸爸妈妈，还是外公外婆，总是不停地给我夹菜，还不时地叮嘱着："吃慢点儿，别噎着。"最后，总把我的肚子撑得滴溜圆。

原来，幸福就在这不停传递的菜肴中。

那一刻，我陶醉

　　打量着这个我亲手制作完成的蛋糕，它就像一个城堡，城堡里的王子公主一定在过着童话般美妙的生活。我在这个城堡上用巧克力写上"生日快乐"送给弟弟，他一定会很开心的。

　　想到这里，我情不自禁地陶醉了……

妈妈的"三个"女儿

赵心瑜

在我们家，妈妈有三个叫"赵心瑜"的女儿，奇怪吧！其实呀，妈妈的这三个女儿都是我，可为什么说有三个呢？看了下面你们就知道啦！

妈妈的第一个女儿，是好学的赵心瑜。快到午饭时间了，我在认真地看书，妈妈叫我，我都没听见。后来妈妈亲自来房间叫我，她打开门一看，我在认真地看《西游记》，妈妈就笑容满面地走进来，说我真是个好学的女儿。刚好，我在阅读的时候遇到了问题：孙悟空为什么不腾云驾雾带唐僧去西天取经呢？于是就这个问题跟妈妈讨论了十几分钟，爸爸在餐桌都等得不耐烦了。

妈妈的第二个女儿，是聪明可爱的赵心瑜。星期天，爸爸有事不能去上班了，爸爸向领导请假，可领导不批准。这时我看爸爸左右为难，所以我就跟爸爸的领导说，爸爸今天要处理的事情很急，心情烦躁不能去上班！领导还是不肯答应。我呢，只得不停地向领导说好话，倒苦水，埋怨爸爸整天忙于工作，不是一个称职的家长。领导被我说得不好意思，就答应了。这样，爸爸的假就请到了。爸爸可高兴了，夸我"真是聪明可爱"。

妈妈的第三个女儿，是勤劳的赵心瑜。妹妹在家的时候，最喜欢玩玩具。可妹妹是个很调皮的孩子，什么都要玩，可是玩什么又丢什么，把家里弄得乱七八糟，就连垃圾都弄得满屋子都是，我看家里实在是太脏了，所以我就帮妹妹把玩具都捡好，然后再把地上的垃圾清理干净。妹妹丢玩具的时候很方便，我要把玩具整理起来可就不容易了。整整一个下午，就跟在妹妹的屁股后面，帮她善后。妈妈回来了，知道我做的工作，就一个劲儿地夸我是个勤劳的孩子。

妈妈的"三个"女儿，你觉得哪个是最棒的呀？

夸夸我自己

缪明煌

我有一个优点，那就是我有一个好习惯，我会把我的房间收拾得非常干净整齐。每次有客人来我家，看到我的房间他们都会夸我的房间很漂亮，这可是我很引以为傲的。下面我就来告诉你们我的这个好习惯是怎么养成的吧！

在我小的时候，我的房间可是非常乱的，每次被妈妈看见了我都免不了被妈妈教训。因为我总是把被子放在地上；把枕头放在桌子上；把书放在床上；把小椅子放在玩具箱里；把玩具扔得到处都是。总之就是乱七八糟的。用妈妈的话来说就是："还不如个狗窝干净。"我小小的心灵受到打击了，妈妈怎么可以说我的房间还不如狗窝呢？所以在我七岁的时候，我就决定要把属于我自己的房间打扫得干干净净、整整齐齐的。

看着我自己乱七八糟的房间，我开始整理了起来，心想一定不能让妈妈再说我的房间不如狗窝了。我先把床上的书放到了书架上，把枕头放回床上，从地上把被子抱起来，叠好也放到了该放的床上，然后把椅子放到了桌子旁边，将桌子上的东西整理好，最后把所有的玩具都放到玩具箱里，再把地上打扫干净。干完这些活的时候，我已是满头大汗了。可是我在门口看到自己焕然一新的房间，自己还是很有成就感的，这下妈妈该不会说我了吧。

妈妈上来看到我把房间打扫得这么干净，可高兴了，说："我们家明煌长大了，会自己整理房间了，真是个乖孩子。"我别提有多高兴了，妈妈终于夸奖我了，那我以后一定要把房间保持得这么干净整齐。所以我就养成了这样一个好习惯！

我

高宁宁

我生性活泼，为人随和，和不同年龄段的朋友都相处得不错，很少闹过红脸。当然，偶尔有太过分的事情出现，我也会抗争。父母常常教育我，与人相处忍为贵。同学之间更要互相理解、互相帮助、互相学习，共同进步。

我的兴趣比较广泛，尤其喜欢弹钢琴，美妙的琴声带我进入音乐的世界，并且可以陶冶我的情操。我天生爱画画，总是梦想着有那么一天能成为一个大画家，我要把充满希望的生活用画描绘出来。

你别看我平常大手大脚，但我的屋子时常都是干干净净、整整齐齐的。

制作科技作品是我的爱好之一，有时，为了制作一个小作品，我会在我的小天地里足足待上几个小时，左思右想。如果作品制作失败了，我不停地责怪自己："看看，你都做了些什么呀？你真是个失败者！"如果成功了，我又会得意地夸耀自己一番："怎么样，不错吧？没有人能做出像这样的作品来。哈——哈——哈——，我是天才！"

我特爱看电视，妈妈说我是电视迷。当我看到毒品带给人的危害，无数父母为自己的子女哭泣，我的心像刀绞一般，泪水不知不觉会从眼里流出来，抱着妈妈大哭一场。当我看《豆子先生》这部幽默片时，看到豆子先生为了展示他的胆量，跑到最高的跳水板上，从上往下跳。谁知豆子先生站在跳水板上往下一看："好……高……啊！"他就像老鼠一般爬在上面一动不动，站在跳水板上的人等不及了，一下子把他推了下去，豆子先生在空中吓得大叫大喊："啊——啊——啊——"我憋不住哈哈大笑起来。电视带给我喜与悲，但更多的是让我增长了知识，获得了做人的道理。

你了解我了吗？如果你愿意，那么我又多了一个新朋友。

老妈的厨艺

陈梓豪

半年前，老妈的厨艺还算一般。这半年来，老妈苦练厨艺，经过了九九八十一次的磨炼，她的厨艺突飞猛进，达到了让人垂涎三尺的境界。

话说这一天，我正在书房里写作业，妈妈回到家放下挎包，就冲进厨房忙碌起来。一开始我听到厨房里传来笃笃笃的声音，我知道这是切肉切菜的声音。接着就换成了哗啦哗啦的流水声，然后是清脆响亮的乒乒乓乓的声音，那是锅碗盆铲在合奏一曲"厨房交响曲"。

妈妈怕影响到我，把厨房的门一关，我耳朵边的声音就变小了。我才写了几行字，一股不可阻挡的香气就从厨房的门缝儿里钻出来，充满了整个大厅，很快，我的书房也被这香气给占领了。

我的馋虫被勾引出来了，再也忍不住食欲，跑到厨房去看看。原来妈妈正在烧糖醋排骨。妈妈听到我的脚步声，头也不回地说："你稍等一会儿，还没有烧好。"她一边说着，一边挥舞着手中的锅铲，把锅里的糖醋排骨翻过来翻过去。排骨随着妈妈的搅动，在锅中合唱"滋——哧哧……"的歌声，锅铲划出一道道优美的弧线，如同音乐家手中的指挥棒。

就在我不停地吞口水的时候，妈妈利索地端起锅，把糖醋排骨拨到碗里，对我说："儿子，来尝尝妈妈的手艺。"

我左等右等，就等这句话了，迫不及待地抓起筷子就夹了一块往嘴里送。热乎乎香喷喷的排骨美味极了，我恨不得连舌头都一块儿吃掉了。

妈妈的拿手菜可不止这一道糖醋排骨哦，还有酸菜鱼，红烧茄子，油焖大虾……我掰着手指头都数不过来。

呃，妈妈练就了这一手厨艺，是准备把我养成一个吃货吗？我问妈妈这个问题的时候，她只是笑了笑，答非所问地说："孩子，你有点儿瘦！"

妈妈的"爱之风"

池　苗

141

春　风

自然界的春风是一年一季度的，妈妈脸上的春风却是难得一见。那一次，妈妈在翻阅报纸的时候，突然发现我写的《太阳姑娘的七彩笔》被刊登了，脸上立刻布满春天般的笑容，那温暖劲儿连糖果都能融化："池苗真行，走，我带你去餐馆庆祝一番。"

看着妈妈脸上的笑容，我足足发呆了五秒钟，一蹦老高，说："好，好，快走啊。"

在餐馆享用了一顿美食之后，回来的路上经过超市。我想：妈妈今天难得刮起了"春风"，应该让她给我补充点儿"零食存粮"才对。过了这个村，以后可就没有那个店了。我撒娇地说："妈妈，我想去超市看看。"

"行！"妈妈爽快地答应着。来到超市，我挑了一个最大的购物篮，对超市进行了一次"大清洗"——巧克力、薯片、花生、瓜子、糖果……只要我看得上眼的，就往篮子里扔，直到篮子提不动了，放在地上拖着出来。

呵呵，千年等一回的大收获啊！

寒　风

"冬天已经来了，春天还会远吗？"有人说，这是反问句，可是用在妈妈身上，绝对是疑问句。因为，在我家冬天是很长的。

那一次，妈妈临出门时，对我说："你留在这复习语文，我出去买点儿东西。快考试了，要用功哦。"

妈妈前脚出了门，我后脚就打开电视机一边啃着零食，一边津津有味地看起来。

一个小时后，我听到楼下开门的声音，赶紧关了电视机，装模作样地翻开了书。

"池苗，你又看电视了。"妈妈用手摸摸电视机，一副侦探家的模样。

"没……没有，我……在看书。"我的心怦怦跳着，顿时口干舌燥。

"还没有，跟你说过多少次了，就不知道自觉。离考试的时间越来越近了，你还有工夫看电视，是不是我平时对你要求太松了……"妈妈脸上布满寒霜，寒风一阵比一阵猛烈。在寒风中，我只有瑟瑟发抖的份儿了。

龙 卷 风

龙卷风是风中之王，一旦发作，天昏地暗，飞沙走石，厉害无比。

那一天，到了晚上睡觉的时候，我却一点儿睡意也没有，于是在被窝里借着窗外微弱的灯光打开一袋又一袋的零食，开始"地下工作"。"咯咯咯……吱吱吱……"我嚼得不亦乐乎。

第二天清晨，妈妈整理我的房间的时候，发现我床边有零食的包装袋，床上有零食的粉末，妈妈的"龙卷风"无可遏制地发作了。

"过来，别吃了。"妈妈气愤地把我的早餐一推，一伸手把我拉进了房间。边生气边敲着床沿说："你睡觉的时候怎么能吃零食，我和你说过多少次了，你还是不听。从现在开始，一个月内，不准要零花钱，不准看电视，不准和同学聚会。还有，所有的零食现在全部上缴。"

啊？我张大嘴巴，眼泪哗哗地流下来，这未来的一个月，我的日子可怎么过啊！

143

妈妈为我学烹饪

吴彬彬

"嗯，不行，不行，味道太淡了……嗯嗯，还是不行，太咸了……"

那一刻，我陶醉

一大早，我睡眼蒙眬地走出卧室的时候，就听到妈妈在厨房里嘀嘀咕咕说个不停，这到底是怎么回事呢？

我好奇地走进厨房一看。呀！妈妈全副武装，左手拿锅，右手拿铲，正在忙碌地翻炒着。锅里的白菜、萝卜丝、葱叶子，在妈妈的翻炒中上下翻滚。看得我都眼花缭乱了。

我疑惑地问："妈妈，你这是在干吗呀？"

妈妈一本正经地说："我在学烹饪。"

这时候，我才注意到灶台上还放着一本翻开着的书，是一本教人学烹饪的书。

过了好一会儿，妈妈从厨房里端出一盘黑乎乎的东西。我瞅了瞅，闻了闻，纳闷地问道："这是什么菜？怎么一股焦臭味呀？"

妈妈不好意思地皱了皱眉头，说："失误，失误。呃……第一次……"

中午，我从培训班回来，看到妈妈仍旧在厨房里忙碌着。不同的是，空气里流动着的味道不是焦臭味，而是换成了酸臭味。

我掀开锅盖一看，里面是一副黑色的鱼骨头。我忍不住笑了，说："妈妈，你这得花多大的力气，才把酸醋鱼烧成这样子呀？"

妈妈不灰心，仍旧笑着。

晚上，我在房间里写作业，突然闻到香味，我的馋虫瞬间被勾出来了。跑出来一看，餐桌上放着一盘干扁豆，正丝丝地冒着热气呢！

妈妈擦着额头的汗，说："孩子，你总是不长个儿是有原因的。妈妈学了烹饪，一定要把你养得水灵灵的。"

妈妈为我学烹饪，她这一道菜满满的都是母爱的味道啊！

爸爸是个书法迷

邵伟业

不知从什么时候开始，爸爸迷上了书法，工作之余，不看电视，也不找人喝酒聊天，独自一人闷在房间里"鬼画符"（妈妈是这样说的）。我常常觉得奇怪，老在一张纸上涂涂画画有什么意思呢？我凑上前去看爸爸的杰作。爸爸正照着一本张旭的字帖"画葫芦"，大大小小的字爬满了纸，笔画粗的时候像蛇，细的时候像蚯蚓，好多字我都是不认识的。我问："爸，你画的都是啥字啊？恐怕你自己都不认识吧。"爸爸笑了，回答我："怎么会不认识呢，这叫草书，张旭的草书在唐朝可是一绝哦。""草书？草还做书呢？没趣！"我嘀咕着，自顾自地玩去了。

爸爸做生意挺忙的，几乎每天都有许多应酬，可是他无论回来多晚，都不忘在灯下写上几张。

那天已经晚上十点多了，爸爸带着一脸疲惫的神色回到家里，我猜想：看今天的样子，这"草书"是画不成了。谁知凌晨十二点我上卫生间的时候，发现爸爸书房的灯光还亮着，折回来扒在门缝儿一看，爸爸正精神抖擞地在纸上龙飞凤舞呢。哎呀呀，不得了，都快成猫头鹰了。第二天起来，爸爸倒是神采奕奕的，一点儿也没有熬夜后精神不振的样子。妈妈到书房一看，呵，写满字的宣纸满地都是，墙上还贴着几张呢。妈妈唠叨着："你扔纸就扔纸，还往墙上扔干啥？"爸爸一脸笑容："欣赏一下自己的作品是有很大收获的。""还收获呢？都快成猪圈了，我看是捡破烂的有收获喽。"妈妈不满地嘀咕着，开始了收拾"战场"的工作。

妈妈总是觉得工作是第一位，至于书法嘛，练来也没用，于是每逢爸爸空闲下来，就尽找一些鸡毛蒜皮的事情让他去忙活。可爸爸不怕，忙完了事情照样做他的"鬼画符"。我倒是挺佩服爸爸的。在爸爸的感染下，我也开始学着练书法了，不过我写的是楷书。

我 的 老 师

王　林

他个子不高，微微发胖的脸上有一双时常眯起来的慈祥的眼睛，一头花白的短发更衬出他的忠厚。他有一条强壮的右腿，而左腿，却从膝以下全部截去，靠一根被用得油亮的圆木棍支撑。这条腿何时、为什么截去，我们不知道。只记得有一次，他讲课讲到女娲氏补天造人的传说时，笑着对我们说："女娲氏用手捏泥人捏得累了，便用树枝沾起泥巴向地上甩，甩到地上的泥巴也变成人。只是有的人，由于女娲甩得力量太大了，摔丢了腿和胳膊。我就是那时候被她甩掉了一条腿的。"教室里自然腾起一片笑声，但笑过之后，每个学生的心头都泛起一股酸涩的感觉，同时更增加了对刘老师的尊敬。

他只靠着健壮的右腿和一根木棍，一天站上好几个小时，为我们讲课。逢到要写板书的时候，他用木棍撑地，右腿离地，身体急速地一转，便转向黑板。写完了粗壮的粉笔字，又以拐杖为圆心再转向讲台。一个年过半百的老师，一天不知道要这样跳跃旋转多少次。而他每次的转动，都会让学生们紧张而担忧。

他的课讲得极好。祖国的历史，使他自豪。讲到历代的民族英雄，他慷慨陈词，常常使我们激动得落泪。而讲到祖国近代史上受屈辱的岁月，他自己又常常哽咽，使我们沉重地低下头去。

他不喜欢笔试，却喜欢课堂提问，让学生们述说自己学习的心得。我记得清楚极了，倘若有同学回答得正确、深刻，他便静静地伫立在教室一角，微仰着头，眯起眼睛，细细地听，仿佛在品味一首美妙的乐曲。然后，又好像从沉醉中醒来，长舒一口气，满意地在记分册上写下分数，亲切、大声地说："好！五分！"倘若有的同学回答得不好，他就吃惊地瞪大眼睛，关切地望着同学，细声说："别紧张，想想，想想，再好好想想。"一边不住地点头，好像他的每一次点头都能给学生注入一次启发。这时候，他比被考试的学生还要紧张。这情景，今天想起来，依旧那么清晰，那么亲切。

这便是我的老师。

林 老 师

韩若愚

暑假里，妈妈给我找了个作文辅导老师，向来对习作有点儿意见的我最初死活不肯同意，后来在妈妈的恩威并施下答应去听几节课试试。只听了第一节课，我就被林老师讲课的方式深深吸引了。

林老师三十来岁，不高的个子，长得很普通，瘦得像个棒子，如果他往墙角一站，不留心，你会当他是个衣服架子，我真担心风一吹，他是否就会风筝一样随风而去。我清楚地记得，他上第一节课时，先讲了一个其貌不扬的日本选手跑马拉松的事情，这位马拉松选手把三十多公里的路程分割成几十个目标，一个一个实现了，连续六次获得世界冠军。然后告诉我们：人生这条长长的路上永远没有一步到位的事情，必须实现许多个小目标，才能实现最终的大目标。我惊讶了，"不积跬步，无以至千里"的道理我并不是不懂，妈妈不止一次地唠叨，甚至成了她的口头禅了。却从来没有人能用一个故事，把这个道理诠释得如此生动，如此感人。

林老师讲课从来没有用惯常的"说教"强制性的灌输知识给我们，他只是用一个个有趣的小故事，吸引着我们的注意力，不知不觉中我们的写作思路就顺畅了，灵感也从天而降。他常说，写文章是先放后收，不要过多地考虑怎么开头，怎么结尾，放开你的胆子，想怎么写就怎么写。我在写作《一碗面条》的时候，被"怎样把烧面条的过程写具体"这个问题困惑了。林老师及时鼓励我把文章写得夸张、幽默，于是我就把烧面条的过程写成两个高手在过招，大家看了都觉得有趣，原来写作文也可以这样，跟玩儿似的。

林老师性格幽默，讲话风趣，不像我接触过的一些老师，总是板着一副面孔，让人毕恭毕敬，不敢有丝毫马虎。课余的时候，他给我们讲笑话，也回答我们讲给他听的脑筋急转弯。一次，有位同学说他脸上和手上一颗一颗的黑痣影响"市容"，他却说："这是我独特的标志，人们都称我'智多星'。"有一次，同学们正在激烈地争论一个"鸡生蛋，蛋生鸡"的问题，争得面红耳赤，声音也越来越高，恰巧楼上正在装修，传来"咚咚"两声，林老师说："安静，安静，你看老天爷都发怒了。"同学们都笑了，马上停止了争论。

林老师就是这样一个人，说他是老师，他没有一点儿老师的架子，更像是我们的朋友，说他是在教我们写作，却没有一点儿写作的严肃性，更像是在教我们玩作文。

我们的章老师

陈若漪

章老师挺和蔼的，说话也和气，算得上慈眉善目，可她要是烦起人来，还真让人顶不住。

自从章老师教我们语文以后，作业量就急剧增加。每天的读书、抄词语、摘段落、背好词好句，忙得我们每个同学跟陀螺似的，只知道不停地转了。我写字的速度算快了，可每天手都要写得酸痛难忍。诉苦吧，找谁呢？老妈会说"吃得苦中苦，方为人上人"，老师会说"为你的将来负责，你必须把作业保质保量完成"。唉，我除了叹气也没办法。有一次我还因为作业太多，躲在房间里哭泣不肯出来，直到把声音都哭哑了。

如果说章老师布置的作业多是个烦心事，那她每次拖课，耽误同学们休息的时间更是让人心烦。分析《记金华的双龙洞》一文的时候，下课的铃声已经老早响过了，章老师还在津津有味地分析哪段是写外洞，哪段是写内洞。看着她一闭一合的嘴唇，我能听得出她的声音有点儿沙哑了。可是，这又有什么效果呢？她讲得口干舌燥，同学们听得心不在焉，除了浪费时间，浪费精力，还能得到什么好处呢？旁边有几位女同学倒是认真，一笔一画地在书上做着笔记。真难得！

　　早上出操的时候，我和张茹坚悄悄地打了招呼，问她书法培训班上课的时间。她告诉我，四年级安排的时间是星期六下午一点到三点。我一听，傻眼了。我星期六下午三点到五点要去练琴的，章老师还要我学书法，那我不是连喘口气的时间都没有了。早操后，我找到章老师，多唠叨了几句，章老师就烦躁起来："你烦不烦，女孩子话那么多干吗？别人能安排时间学书法，你怎么就不能了？"我低着头没回话，在心里想：到底是谁烦呢？我们班的班长大人也没去，怎么就不叫她呢？师命难违，看来我只得受苦受累了。

　　不过，话说回来，章老师烦是烦了点儿，可那也是对学生的呵护。这不，同学们的成绩倒都是稳升不降呢！

漫话"老师"

罗承杰

　　无论是凡人还是伟人，他的一生都少不了老师的教育。在人的一生中，老师的影响力是绝对不能小觑的。已读小学六年的我，几年间换过几个学校，熟悉了一批批老师，有年轻的、年老的，有庄重的、活泼的，有平易近人的，也有拒人于千里之外的。就我遇到的老师来讲，大致可以分为四种类型。

　　第一种，温厚长者型。这一型的老师，学识渊博，关心呵护每一位学生的成长，就像是我们的父母长辈，在爱护我们的同时又很严格地要求我们按照他的思路去做。他能容忍我们些许的错误，但往往对我们不能达到他的要求而着急。他呕心沥血，谆谆教导，苦口婆心地要我们在学业上力争上游，可是从来没有考虑到我们的心理承受能力有多大，以至于部分同学产生了逆反心理，跟老师对着干。这一型的老师很多，只要你留心观察，校园里每日都埋头在教案和学生作业当中，头发过早地染上了风霜的老师便是。

第二种，知心朋友型。这一型的老师，一般来说，多是年轻的女性。她生性活泼，刚刚走上教师的岗位，对于教师的职业还不大熟悉。她的喜怒就写在脸上，让人一看就知道，心情不好的时候，会找几个懂事的同学谈心，排解愁闷；高兴的时候，会找上几个学生一起打球、聊天。你有什么烦恼的事情尽可以找她，她会帮你疏通，把你安排得妥妥帖帖的。她的知识经验或许不够，但足够让我们在她创设的环境中感到快乐。现在小学里年轻的女老师增多了，在课间活动的时候，和同学们一起游戏欢笑的小大人就是"她"了。

第三种，亦师亦友型。这一型的老师，集合了以上两种类型的老师的优点。在学习上，他凭着知识的渊博，幽默风趣的语言，让我们遨游在知识的海洋中，乐而忘返。在生活上，他能深入每一位同学的内心，及时发现哪一位同学有了心事，及时帮你疏导。他不会整天埋头在教案和作业当中，但他的讲课永远是那样的吸引人，让你不知不觉地就迷上了他。在校园里，知识渊博的老师很多，平易近人的老师很多，但是既知识渊博又平易近人的老师就有点儿可遇不可求了。

第四种，专制君主型。遇到这一类型的老师，恐怕是做一名学生的噩梦。这一型的老师可从来不管你的感受如何，他只在乎你的成绩好不好，你的行为端不端正。你有心事也好，没心事也好，反正你如果达到了他的要求，他就满意，你如果达不到他的要求，他就会"横眉冷对千夫指"。他从来不轻易对你敞开心扉，也不会对你开心一笑。你做得好，他冲你点点头；你要是犯了事情，就只有自求多福了。他不但要狠狠地训你一顿，还会把你的父母都动员起来，把你的陈年旧账都翻出来，细细地跟你算一算总账。幸运的是，在素质教育逐步推广的今天，这一型的老师已经越来越少了。

小伙伴们，你们的老师是哪种类型的呢？

我的歌迷朋友

戴惠盈

她黑黑瘦瘦，鼻子矮矮的，貌不惊人，可她要是张开嘴巴唱起歌，你一定会吓一大跳，从此对她刮目相看。不错，她就是我的歌迷朋友——陈润。

这一天中午，食堂里香气弥漫，同学们正准备动筷子大快朵颐。突然，从不起眼的角落里传出了惊天动地的歌声：我送你离开，所有饭菜，都到我肚子里来……这声音如同电锯划破玻璃一般刺耳，吸引了所有人的目光。不用猜就能知道，她就是我的歌迷朋友陈润，正在翻唱《千里之外》。她这个时候可得意了，两个鼻孔张得大大的，眼睛眯成两条缝儿，一张大嘴巴都快咧到耳根后面去了。看到大家都在看着她，她兴奋地从椅子上站起来，扭扭屁股抖抖脚，如同一只大嘴猴在上蹿下跳。她这么一闹，同学们都觉得没有胃口了，距离她比较近的同学，都端起餐盒去寻找新的用餐地点，食堂里顿时显得开阔了许多。

我的歌迷朋友就是这么不拘小节，随时随地表现她的唱歌天分。

　　"丁零零……"下课了。老师前脚刚出教室的门，已经憋了四十分钟的陈润，就迫不及待地要表演她酝酿已久的"表演唱"了。只见她头戴一顶报纸做成的牛仔帽，手里提着一把掉毛的鸡毛掸子，拿着一把椅子就在讲台的位置上坐下。她摆出一副很拉风的姿势，用指甲刮着鸡毛掸子上绷紧的几根橡皮筋，咧着嘴巴唱：如果世界只剩一首歌，那一定是等我来唱……歌声带起一股冲天的杀气，吓飞了在窗外树上歇息的麻雀。很快地，教室里就空荡荡的了，大家都把空间"让"出来，让这位歌迷尽情地表演。

　　我的歌迷朋友就是这么个性独显，她完全不在乎周围听众们的反应，有时候我恨不得拿两个包子塞进她的嘴巴，让她安静一会儿呢。

我们班的小书迷

吴雨诺

　　我们班的贝贝，可算是个远近闻名的小书迷了，她对书的痴迷程度绝对无人能及。

　　下课后，我们都在玩耍，她在教室里看《山大王》；放学了，她妈妈在校门口都等急了，她还在操场的角落看《生于天空》；秋游的时候，同学们的包包里都是各种好吃的，她的包包里竟然还塞了三本书。

　　这一天是班长的生日，我们用凑齐的钱去街上买礼物。走着走着，贝贝的脚步就挪不动了，她的眼睛闪着光，直愣愣地看什么呢？原来街对面新开了一家书店。贝贝说："我们去书店里看看吧，顺带给班长买几张贺卡。"我们都觉得这个想法不错，就跟着都去书店。

进了书店，对于那些漂亮的贺卡，贝贝的眼睛都没有斜一下，直接去书架上找书，拿出一本《昆虫记》翻阅起来。呀，这个小书迷，有书看连买礼物的正事都给忘了。不管她了，我们挑选了几种贺卡，用闪光笔写上祝福的话。我用手臂碰了碰贝贝，提醒她说："该走了。"她似乎被我的动作吓了一跳，手中的书差点儿掉地上了。她转头看着我，用哀求的语气说："就几页了，等我看完嘛！"没办法，我们只好先等着。我在书店里转了一圈，又去隔壁店里买了一些糖果。等我吃完了糖果再去找她的时候，看到她又换了一本大部头的《百科全书》在看。呀！这本书足足有五厘米厚，等她看完，岂不是要明天早上了？我劈手夺过她手中的书，放回到书架上，也不等她有什么动作，拉着她就走。

154

走出书店大门的时候，她嘴巴里还在嘀咕着："还是《百科全书》好看……"

唉，这个小书迷对书的迷恋简直是走火入魔了！

班长的喜与悲

吴依妮

说起我们的班长陈佳涵，她的性格可真是容易变化呀，早上还是温柔如水的，到了下午，就像吃了火药一样，"火山爆发"了，真让人不知怎么办才好。

早上，她从家里带来了许多好吃的，有果冻、饼干、瓜子，等等，装了大半个书包。在教室里，她竟然要把所有的东西都分给同学们吃，就连平时被她瞧不上的陈成瑞、木加强、木特凯这些捣蛋鬼也分到了不少。今天她对谁都是笑眯眯的，这让大家觉得很奇怪。今天太阳从西边出来了吗？平时高傲的她，今天怎么会这么温柔？不管了，还是先吃吧！免得她后悔又向我们要回去。这就是佳涵温柔的一面。事后，我们才从诗慧口中得知，是佳涵的钢琴又升级了，她很高兴，把快乐分给了大家，请我们吃东西。怪不得她对大家这么温柔，一点儿都没有平时高傲的姿态呢！

中午的时候，佳涵从老师的办公室回来，就在座位上埋头大哭。"搞笑大王"庄鹏豪还不知道怎么回事，跑到佳涵面前，掩着脸东转转西看看，想逗她开心。佳涵沉不住气，冲着他大声喊："滚开，烦人的家伙。"这声音吓得可怜的庄鹏豪拔腿就跑，而佳涵哭得更伤心了。我们女生都过去安慰她，可她不但不领情，像吃了火药似的一开口就是"假小子""死丫头"的骂人脏话，真是受不了。这就是她暴躁的一面。事后我们才知道，她在办公室被班主任老师批评了一顿。也难怪，就因为在教室里给同学们分东西吃，竟然被老师批评了，她还会开心吗？

你瞧，这就是我们温柔又暴躁的班长，因为钢琴升级了高兴得请我们吃东西，没想到却乐极生悲，被班主任批评了。唉，这可真是喜也今日悲也今日啊！

"大鼻孔"小传

罗竹君

他，憨厚老实，两只大大的鼻孔显眼地贴在肉嘟嘟的脸上。因此，"大鼻孔"这一雅号就像使用了520强力胶水般贴在了他大大的脑门儿上，走到哪儿，我们都不忘嘲讽他一番。可他只是略带笑意地怒视着我们，一副"要和我们拼了"的模样，却从未真正动怒。

以前，我一直以为我们会这样一直嘲讽下去，可在那一个放学的美好时光，他留下的另一番印象就这样刻在了我的脑海里。

那天下午，学校的舞蹈队练到了五点多。我挽着朋友细瘦的手，一边絮絮叨叨地抱怨着比赛给我们带来的压力，一边拖着步子向教室走去。此时，天空已是一片淡淡的灰蒙。

教室里，灯明晃晃的，聚焦在大鼻孔的脸上。

"这么晚了，你还没回家？"我疑惑地张望着教室，看着他孤单的身影。

大鼻孔抬起头，一脸灿烂的笑容。

"你们总算回来了。"他递给我们一张纸条，"给，这是今天的家庭作业，快抄上去吧！"他眯缝着眼，原本就细小狭长的眼睛眯成了一条缝儿，鼻孔显得更大了。我捂住嘴偷笑，但不敢笑出声。

"你留下来就为了告诉我这个？"没想到……我的心一暖。

"是啊。老师吩咐的呢。没想到你们这么晚回来。"他不以为然地耸耸肩，好像这是一件再小不过的事。

"呀，不早了。这下，回家可要挨骂了。你们也快点儿回家。"他吐了一下舌头，忙乱地收拾起书包，便跑出了教室。

我的心"咯噔"一下。"你们也快点儿回家。"他调皮的声音在心田跳动。望着他那渐渐远去的背影，心中升腾起一股暖意。空气中也仿佛暖意氤氲。

哦，暖暖的气流中还夹杂着桂花的香，淡淡地，淡淡地传来。一阵，又一阵，萦绕鼻际。相信大鼻孔也闻到了这股馨香，他比我们所有人闻到的都多，因为……

接下来的事，你肯定知道了，大鼻孔——孔杰就成了我们的哥们儿，不对，是姐们儿。

寒假趣事

赵瑞诗

新年了，爸爸开车送我去了乡下阿婆家拜年。在阿婆家，可是发生了一连串的趣事哦！

生 火 趣 事

早上起得晚了，在厨房里找吃的，只在锅里发现几个馍馍，还是冷的。我觉得乡下的生火做饭很有意思，就决定自己生火把馍馍热好再吃。

我先到后院去搬柴火，可是由于对地形的不熟悉，失手让柴火掉进水坑里，有一小部分被弄湿了。

把柴火搬到灶前开始生火，我点了好多次，可就是烧不起来。难道是锅出了毛病吗？要不然怎么会一把火放到灶里面就会灭呀！为了探个究竟，我把头往灶里一伸。说时迟，那时快。一股黑烟冒了出来。呀！呛死我了，我赶紧把头缩了出来，咳咳……

我的咳嗽声把妈妈引来了。妈妈下楼来一看到我，就笑得上气不接下气。我一脸疑惑，怎么啦，我很好笑吗？

妈妈把我推到镜子前一看，呀，这是谁啊，是我吗？可是我怎么成了一只小黑猫。我用手往脸上一抹，脸黑得更厉害了，妈妈笑疼了肚子，拉我去拿毛巾的力气都没了。

喂 猪 趣 事

阿婆家后院有猪圈，吃完饭，猪也该喂了。我跟着阿婆来到猪圈，看见一头大猪一头小猪正"哼哼哈哈"地等着阿婆来给它们送食物呢！

看着这两头猪，我突然有个妙想，我要给猪来个喂猪仪式：升猪旗，奏猪歌（也就是《猪之歌》啦），敬礼！两头猪被我弄得哼哼呀呀的，阿婆在一边看着我傻傻地笑。接下来喂猪开始啦，我从阿婆手里把猪食一勺一勺地倒到猪吃食的盆里。两头猪低下头，不管三七二十一就吃了起来，大概是刚才的喂猪仪式把它们弄累了。

倒猪食时，不小心倒了一些在小猪的身上。"呵，小猪。不好意思啦！"我向小猪道歉。哦，忘了它听不懂哦。没想到大猪却把小猪身上的猪食舔干净了。我突发奇想：要是我把猪食弄到大猪的身上，小猪是不是也会帮它舔干净呢？于是，我把猪食倒在了大猪身上。小猪没反应，倒是大猪生气了，使劲儿地抖掉倒在身上的猪食，溅了我一身。哎，我可真是自作自受！

阿婆在一旁看着我的样子，张了张嘴，想说什么又没说。我狠狠地瞪了大猪一眼，说："你是一只坏猪！"急忙跑开换衣服去了。

丑女大"PK"

池心如

今天是休息日，阿姨就带女儿来我家玩，表妹一到我家，就嚷嚷着要我跟她"PK"。我好奇地问："什么'PK'啊？"她扯开一百二十分贝的嗓门喊："就是丑女PK，看我们谁化妆化得丑。"呃，我极不情愿。然而在表妹的拉扯下，我还是答应了。

我们四处寻找化妆品，楼上楼下跑来跑去，时不时地碰在一起，弄得家里"鸡飞狗跳"的。最后，一起挤在了妈妈的房门口，趴在了老妈的化装台前，翻箱倒柜地找化妆品。

妹妹拿着妈妈的口红在脸上胡乱涂鸦，结果把脸涂得跟猴子的屁股似的，还占着眉笔，把两条本来很细的眉毛画得跟蜡笔小新一样……笑得我抱着肚子，直跺脚。

"怎么样，我够丑吧！"

"哼，哼……"

"不行，我不能输。"我对自己说，拿起妈妈的化妆品，开始避开镜子的"察看"在脸上毫无规则地乱画一通。妹妹看到了，直叫"妖怪啊，妖怪……"我往镜子前一站，天呐，怪不得妹妹喊妖怪。镜子里的自己俨然是一个白骨精嘛！苍白的脸，像极了身后的墙壁；大红的唇膏把嘴巴扩大了好几倍，像刚喝完血，好恐怖啊！

妹妹不断地喊着白骨精，又拉着阿姨下楼，我也飞奔着，想快点儿下楼，进行PK。"啊……呀！"跑太快了，不留神摔倒了，脸贴在了地上，下巴撞得好痛啊。

双手撑着地爬起来，就看到阿姨一张惊讶的脸。我得意扬扬地咧开嘴巴说："嘿嘿，我这'造型'还过得去……"话还没说完，阿姨便一脸惊恐地走开了。

看到阿姨的表现，表妹极不服气地跑到房间里重新化"丑"妆，不过事实摆在眼前，第一回合：我是赢家。

"我这个'丑相'可是在家里练习过的，怎么会输了呢？"表妹嘟着嘴说，"哦，我明白了，因为表姐长得本来就丑，所以'丑女PK'占优势……"

我顿时语塞！

捕　鼠　记

潘媛媛

这一天，我们几个人正在家门前的大草坪上玩耍，忽然听到阴沟里传了几声吱吱的尖叫声，是老鼠。好奇心驱使我蹑手蹑脚地走过去，在又暗又臭的阴沟里，几只老鼠正在窃窃私语，难道它们在讨论进攻人类的大计？它们发现了我，立即就四处奔逃，溜得无影无踪。这狡猾的老鼠！

阴沟里居然有一个老鼠王国。我和伙伴们商量着：应该制订一个捕鼠计划，对阴沟里的老鼠王国进行一次全面的清剿，保护我们美好的家园。

火攻，水淹，投老鼠药……我们在七嘴八舌的讨论中否定了一些看起来轰轰烈烈，却没有什么实际效果的举动。最后，一致决定用捕鼠夹。我们找来一个铁笼子，在里面装上铁钩，经过几次测试，确信只要老鼠一碰铁钩，笼子的门就会迅速关上，让进入笼子的老鼠无路可逃，这才在铁钩上放了老鼠最喜欢吃的肉食，把铁笼子放在老鼠出没的地方。

傍晚的时候，我们守在一棵大树后面，静静地等待老鼠的出现，老鼠们已经一天的时间没有出来找食物了，一定很饿，它发现了这样可口的食物还会放过吗？

时间在我们的等待中一分钟一分钟过去了，我们还没有看到老鼠的影子，大家都不禁有点儿泄气了。小东埋怨说，这种方法老土了，是典型的"守株待兔"行为。我们也有点儿怀疑自己英明的决定。

正在这时，一只小老鼠贼头贼脑地出现了，我们都闭息凝视地期待着。小老鼠左顾右盼，一双小黑豆眼滴溜滴溜地转动着，她的身手还是挺敏捷的，灵活的脖子扭动着，鼻子也咻咻地动，似乎在嗅着什么味道。它很快就发现了铁笼子里的肉食，绕着笼子逛了一圈，又在门口徘徊了一阵，这才窜进笼子，准备好好享受一顿美餐。谁知，它才碰到铁钩，还没来得及吃，笼门啪的一声就关上了。小老鼠被这突如其来的声音吓了一跳，很快就发现自己已经没有退路了，急得在笼子里拼命转圈，使劲儿用头去撞笼门，就连放在它身边的食物也没有心思享用了。

那一刻，我陶醉

我们围了上去，兴致勃勃地看着我们的俘虏。小老鼠缩着爪子，用可怜的眼神望着我们，似乎在求饶。小蕾心软，说这老鼠太可怜了……她的话还没说完就被我们打断了，我想到《农夫与蛇》的故事，说："对老鼠这类动物是不能手下留情的，那样会后患无穷。"我们七手八脚地把小老鼠打得奄奄一息，还用绳子吊起来挂在阴沟里示众，警告老鼠王国的公民们：不要妄想进攻人类的地盘。

扫　　地

陈允寿

扫地，是最简单不过的事了，在校的小学生谁不会，可是说起我第一次扫地的情景，还真是狼狈啊！

六岁那年的一天，爸爸妈妈有事都出门去了，家里只有我一个人。爸爸说我年纪小，出去玩会被人欺负的，还把大门反锁起来。就这样，我成了"笼中鸟"了，外面美丽的景色看得到，摸不着。

我把家里的玩具统统都搬出来狠狠地玩了一阵，没意思！都是一些玩过几十次的老玩意儿啦。看到家里的地面有几天没扫了，突然心血来潮，就来玩一次扫地吧，说不定，还会得到妈妈的奖励呢。

说干就干，我拿了扫帚忙碌起来。一开始，就感觉不对劲了，扫帚在地上一拖动，灰尘就紧跟着扬了起来，像长了翅膀一样飞呀飞呀，桌子上、椅子上到处都是，弄得我的呼吸都感到困难。地上还没有扫干净，反而把桌椅、家具都弄脏了。

这才想到，还没有洒水呢。得赶紧采取补救措施，我到卫生间里打了一盆水。谁知祸不单行，我吃力地才把水端到房间里，手指头滑了一下，都倒在地上了。看着地上一片汪洋，我搔着后脑勺不知所措。唉，干脆将错就错，来个冲洗地板得了。我把扫帚放在身前，把地上的积水往没水的地方推。推水可比扫地吃力多了，一会儿手就酸了，我只好找肚子来帮忙顶，可惜效果不好。

突发奇想，把扫帚横放，人蹲下来挥动扫帚不就轻松多了。嘻，果然好玩，就像电视里经常看到的"扫堂腿"，只是用扫帚代替罢了。扫了一阵，地上都湿了，这下好了，再也不会有小灰尘出来捣乱我的"扫地大业"了。

站起来，有模有样地打扫起来，从里边的角落扫起，往门口步步推进。还算顺利，没有了灰尘的捣乱，成功就有希望。很快，地面就变得干净了，哦不，还有桌子底下的一块。我把扫帚伸进去，可是够不着，只好猫着腰钻进去。桌子底下可有点儿难扫，腰都蹲酸了，才弄干净。退回来的时候，一不留神，头撞上了桌板。桌上还有几个碗，其中一个立了起来，滴溜溜地转了两圈，摔下来，"砰"的一声，碎了。真是赔了夫人又折兵啊！头被撞得眼冒金星，还摔碎了一个碗，看来少不了挨妈妈一顿骂了。

正想着这事情怎样善后，听见一声钥匙插进锁孔的声音，妈妈开门进来了。看见满屋子湿漉漉的地面，满是灰尘的桌椅和桌下的一堆碎瓷片，妈妈马上就开始"闪电打雷"了。我可是一动不动的，老老实实被训了一顿。真郁闷，好事没做成，倒搞得自己像是猪八戒照镜子——里外不是人。

幸好，有爸爸从旁开脱，说我自觉参加劳动的精神是好的。总算收回了一点儿面子。

那一刻，我陶醉

那一刻，我陶醉了……

董漂妤

11月23日　星期一　阴

弟弟生日的这天，我要去蛋糕店为弟弟亲手做一个生日蛋糕。

走进蛋糕房，我差点儿兴奋得叫出声来。房间中间的大桌子上已经摆满了各式各样制作糕点的材料，琳琅满目，美不胜收。空气中弥漫着浓郁的蛋糕香味，还有苹果的清香，糖果的甜香，葡萄干的淡香……各种香味交织在一起，挑逗着我的嗅觉。深深地吸一口气，我感觉自己的心都融化在这妙不可言的香味中了。

那边的厨师还在讲解着做蛋糕的步骤，这边的我已经手指大动，忍不住伸手触摸各种材料了。

等到糕点师讲完了做蛋糕的步骤，要求我们自己动手操作的时候，我反而有点儿缩手缩脚的了。

我小心翼翼地把蛋糕拿在手上，手指微微颤抖，生怕一不小心，它就从我的手中滑落到地上。等这块蛋糕安全抵达蛋糕底盒上的时候，我这才松了口气。先给蛋糕铺一层奶油吧，我一手拿着奶油盒子，一手拿小刀，横一拨拉，竖一拨拉，就给蛋糕披上了一件白色的外衣。接着给蛋糕的四周围插上一圈苹果片，苹果片是三角形，轻轻一插，就稳稳地固定在奶油上了。然后撒上葡萄干，紫莹莹的葡萄干没有规则地落在雪白的奶油上，如同撒了一地的星星。最后在蛋糕中心点缀几颗鲜红的樱桃和色彩鲜艳的糖果，一个美轮美奂的蛋糕就大功告成了。

退后几步，打量着这个我亲手制作完成的蛋糕，它就像一个城堡，城堡里的王子公主一定在过着童话般美妙的生活。我在这个城堡上用巧克力写上"生日快乐"送给弟弟，他一定会很开心的。

想到这里，我情不自禁地陶醉了……

那一刻，我陶醉